高中化学教学
方法与实践探究

周桂荣 ◎著

 中国出版集团　现代出版社

图书在版编目（CIP）数据

高中化学教学方法与实践探究 / 周桂荣著. -- 北京：
现代出版社，2023.8
ISBN 978-7-5231-0431-6

Ⅰ. ①高… Ⅱ. ①周… Ⅲ. ①中学化学课－教学研究
－高中 Ⅳ. ①G633.82

中国国家版本馆CIP数据核字(2023)第133539号

著　　者	周桂荣
责任编辑	吴永静

出 版 人	乔先彪
出版发行	现代出版社
地　　址	北京市安定门外安华里504号
邮政编码	100011
电　　话	(010) 64267325
传　　真	(010) 64245264
网　　址	www.1980xd.com
印　　刷	北京四海锦诚印刷技术有限公司
开　　本	787mm×1092mm　1/16
印　　张	10.25
字　　数	229千字
版　　次	2024年4月第1版　2024年4月第1次印刷
书　　号	ISBN 978-7-5231-0431-6
定　　价	58.00元

前　言

随着新课程改革的不断实施，在现阶段的高中化学教学中，教师要采用正确的教学理念和方法加强教学创新，提升学生的综合素质。在高中化学的教学实践中，教师要适应社会发展变革的需要，不断充实、更新，并完善和扩展化学教育体系自身，以实现它所蕴含的启智、益智等方面的价值。此外，学校要以发展的眼光，对高中学生开设更贴近生活的实验课程，其内容要注重趣味性、知识性、实用性、科学性、创新性和绿色化，使学生在轻松愉快的环境中达到学习知识、提高素质和培养能力的目的。

鉴于此，本书以《高中化学教学方法与实践探究》为选题，首先，从高中化学发展与教学理论、高中化学教育宗旨与必要性、高中化学学科的特点与方法、高中化学课程内容与资源解读四个方面阐述高中化学教学；其次，对高中化学教学的设计方法、高中化学教学方法与技能分析、高中化学有效教学方法与模式探究进行分析；最后，对高中化学实验教学方法与实践应用、高中化学多元化教学方法与实践探究进行探讨。

本书在充分引进、消化、吸收化学教学相关理论的基础上，根据化学学科的特点，从理论和实践层面对化学教学进行了较为深入的剖析、阐释和探讨，理论联系实际，并以此为基础进一步加深对高中化学教学方法的实践研究。本书理论体系完整，具有设计理念新颖、实践操作性好、针对性强的特点，能够很好地增进读者对相关知识的了解。

笔者在撰写本书过程中，得到了许多专家学者的帮助和指导，在此表示诚挚的谢意。由于笔者水平有限，加之时间仓促，书中内容难免有疏漏之处，希望各位读者多提宝贵意见，以便进一步修改，使之更加完善。

目　录

第一章　高中化学教学概论

第一节　高中化学发展与教学理论

一、高中化学的发展分析

（一）古代的化学发展

在 16 世纪以前，化学还不是一门学科。到了 16 世纪，人们开始认识到单质以及单质在热溶剂和试剂的作用下发生的变化应同自然界的其他变化分开来研究，此类变化可被当作专门研究的对象，成为一门新的学科，当然，这并不是说化学在 16 世纪以前无历史可言。化学的发展可追溯到史前。火是人们最早接触的化学现象。火的发现和利用为人们进行化学操作打开了方便之门，现在凡是被划为人类遗产的东西，大都与火有关。人们通过考古，推测原始人借助于火学会用铜、青铜或其他易于获得的物质制作武器、工具和器皿。以后虽然有了文字，许多化学物质如金、铅、锡、釉料、染料、玻璃等已被人们所利用，但在当时人们只关心其用途，大多数工匠为了自己和子孙的利益，只靠口授培养后人，极少留下文字记载。尽管史前与古文明时期的化学纯粹是经验的产物，但也说明化学与人类历史一样悠久。因此，美国化学家 R.布里斯洛在《化学的今天和明天》一书的前言中强调化学是最古老的科学之一。

古代化学除实用化学工艺知识外，还有人类对于万物起源的思考。公元前 4 世纪，中国提出阴阳五行学说，认为世间万物皆由金、木、水、火、土组合而成，五行由阴阳两气相互作用而成。古代五行学说是早期元素观的萌芽，而阴阳学说则是用朴素的矛盾观点说明物质的变化。同时代雅典的哲学家柏拉图和其学生亚里士多德提出构成万物的水、气、土、火四元素说，并且指出每一种物质的特性皆可归结为冷、热、干、湿四种原性，它们两两结合构成上述四种元素。中世纪的炼金术家以此学说为依据，认为改变物质中四种原性的比例，就能使贱金属变成黄金。古代物质观的这些认识是朴素的、直观的、表面的，有的甚至仅是臆测。当时的科学家实际是哲学家，他们崇尚思辨，但不重视科学实验，他们爱好归纳，但无充分的事实依据。

16 世纪欧洲的早期化学在两个领域里出现的新局面开始了炼金术向化学的过渡，主要是由德国的阿格里科拉为代表的冶金化学方向，其论著《金属学》详尽地叙述了金、银、铜、铁、锡、铅、汞、锑、铋等金属的制备、分类与提纯。

早期化学从实践上完成了炼金术向近代化学的过渡，但是整个化学领域并未完全摆脱炼金术及其思想的束缚，化学局限于冶金与医药等实用目的，而不是以探索物质及其化学变化规律为目标。化学要成为科学，还需要思想理论上的突破。英国化学家、物理学家玻意耳（R.Boyle）为实现这种革命性的突破，从而使化学成为一门独立的科学做出了重要的贡献。

（二）近代的化学发展

玻意耳是化学史上第一个明确地把化学与炼金术或其他实用化学工艺加以区别的化学家。1661 年玻意耳的代表作《怀疑派化学家》出版，该书以辩论式的对话形式，批判和清除亚里士多德哲学与医药化学观念在化学领域的影响，认为元素是那些原始的、简单的或是系统没有混杂的物质，从而第一次提出具有科学性质的元素概念，为构建近代化学理论体系奠定了基础。

18 世纪欧洲资本主义确立，工业生产有了较大的发展，其中与燃烧有关的冶金、炼焦、玻璃、石灰、陶瓷、肥皂等化学工业有了普遍的发展，燃烧成了化学领域的中心问题，很多化学家关注研究燃烧。1789 年，法国著名化学家拉瓦锡的名著《化学纲要》出版，该书系统地论述了推翻燃素说的各种实验依据与以氧为中心的新的燃烧氧化理论，这是化学学科中第一个科学的化学反应理论，拉瓦锡还在书中列出了第一张化学元素表，该表概括了当时所认识的 33 种元素。虽然他把石灰、镁土、盐酸等化合物误认为元素，但是毕竟将玻意耳的抽象的元素概念具体化了。

19 世纪末系统定量方法的广泛运用，一系列关于物质组成及变化的定量规律——质量守恒定律、当量定律和定组成定律的发现，表明物质的质变和物质的组成有着深刻的联系，化学家们迫切地希望了解这些定律的内在依据，开始寻求对这些定律的科学解释。

英国化学家、物理学家道尔顿于 1808 年发表《化学哲学新体系》。道尔顿是将已经总结出来的宏观经验定律与物质由原子构成的微观观念联系起来的第一个科学家，他所建立的科学原子论为当今每个化学教育工作者所熟悉，其意义是"给整个科学造一个中心"，使人们对于物质结构的一个重要层次——原子的认识开始建立在科学的基础之上。道尔顿首次引入原子量概念，为原子微粒第一次提供能用数量表达、能用实验方法检验的特征。他还首创用直观图像符号表示化合物中原子的排列，用以显示化合物的实际结构。总而言之，道尔顿为化学家提供了许多重要的新思想、新概念、新方法，促使 19 世纪化学的长足进步。

到了 19 世纪下半叶，化学的四大分支——无机化学、分析化学、有机化学与物理化学相继形成。近代化学完成了它的系统化。有机化学家擅长有机合成和有机分析，凭借这两个方面的化学经验，运用不注重定量方法的逻辑推理，取得了对化学事实的直观理解，他们依靠抽提的诸如基团、原子价、同分异构、化学结构等重要概念，运用分子模型方法，最终建立了近代有机分子结构理论。总而言之，近代有机化学有它自己的原理、原则和研究方式，是一门几乎不依靠物理与数学的学科。

（三）现代的化学发展

20 世纪化学发生了一系列的革命性变化，到了 21 世纪，借助于物理学的新思想、新概念与新成果，化学家的研究重心转移到分子的层次，化学成为一门分子的科学。

1. 化学分支学科的发展

根据中华人民共和国国务院学位委员会的规定，化学科学有七个二级学科，加上化学与生命科学、化学与材料科学形成的两个重要的交叉学科——生命化学和材料化学，化学大体分成以下 9 类。

（1）无机化学。无机化学是一门研究无机物质的组成、结构、性质、变化、制备以及相关理论与应用的科学。在化学形成分支学科之前，化学研究的内容就是无机化学的内容。因此，相对于其他化学分支，无机化学是一个最为古老的化学分支学科。在诺贝尔化学奖设立之前，化学研究的重要进展基本上都在无机化学领域。在诺贝尔奖设立初期虽然也有相当大的获奖比例，但是大多集中在新元素的发现上。在 20 世纪上半叶正值化学其他分支学科蓬勃发展之际，无机化学发展相当缓慢，它既没有新理论提出，也没有突破性进展。整个无机化学既没有物理化学那样的精确性和逻辑性，也没有有机化学那样的连贯性与系统性。进入 20 世纪中叶后，由于原子能技术、空间技术的发展，对各种特殊材料的需求，各类粒子加速器的建造，各种光谱和波谱技术的广泛运用，无机化学得到了复兴。随着配位化学的发展，稀有气体化学的兴起，大量新型化合物的合成，无机化学重新成为富有活力、令化学家兴奋的学科。

（2）有机化学。有机化学是研究有机化合物的组成、结构、性质、合成及有关理论的科学。与 19 世纪的近代有机化学不同，现代有机化学一方面与物理学相联系，利用量子力学与量子统计力学的基本理论，以及光谱、波谱、衍射、质谱等物理实验手段，分析、阐明有机化合物的电子结构、立体结构以及结构与性能的关系，为寻找与合成新的有机化合物提供依据与手段；另一方面又与生物学相联系。生命是蛋白体的表现形式，生命体内的种种代谢活动与遗传机制都与生命体内有机物的化学作用有关。随着生命科学的发展，有机化学将在探索生命奥秘的科学研究中发挥更大的作用。由于有机化学研究范围广泛，医药、农业、染料、化妆品等无不与之有关，又因有机化合物数量巨大，因此有机化学是化学中最大的二级学科。

（3）分析化学。分析化学是研究物质化学组成与化学结构的分析方法及其有关理论的学科。20 世纪，分析化学经历了三次巨变：第一次是 20 世纪初物理化学的发展为分析化学方法提供理论基础，使分析化学从手艺上升为科学；第二次是 1945 年后，物理学与电子学的发展促进了仪器分析的发展；第三次是 20 世纪 70 年代末到现在，生命科学和材料科学的发展为分析化学的发展提供需求，计算机技术的发展则为分析化学的发展提供了可能。新方法层出不穷，旧方法不断更新。分析从常量到微量及微粒；从组成到形态与结构；从总体到微区；从整体到表面及逐层；从静态到快速反应跟踪；从破坏样品到无损分析；从离线到在线分析。分析化学不仅提供数据，而且上升到获取更多、更全面、更新、更及时的信息，成为生产与科研中实际问题的解决者，现代分析化学正突破纯化学学科的界限，将化学与相关学科等紧密结合起来，成为一门多学科的综合性科学，分析化学将进入一个新的分析科学的时代。

（4）物理化学。物理化学是研究化学现象与物理现象之间的相互联系，从中找出化学运动普遍规律的一门科学，由化学热力学、化学动力学和结构化学组成。热力学第一定律研究各种能量的转化和守恒；热力学第二定律研究化学反应的方向和限度，即在指定条件下化学反应是否能自发进行，向哪个方向进行，进行到何种程度，以及外界条件对反应方向和限度的影响；热力学第三定律主要研究低温下物质的运动状态，并为各种物质的热力学函数的计算提供科学的方法，进一步解决化学平衡的计算。化学动力学的第一个任务是研究化学反应的速度以及各种因素如浓度、温度、催化剂、介质、光、声等对反应速率的影响，从而选择合适的反应条件，使反应按人们希望的速率进行；第二个任务是研究各种化学反应的机理，揭示化学反应的本质。结构化学是以量子力学原理为基础，研究原子、分子与晶体的微观结构，微观结构与宏观性质及反应性能的关系。

物理化学作为化学科学的理论核心，在 20 世纪获得迅速的发展。20 世纪之初只有一本物理化学杂志，如今已有数十种三级甚至属于四级学科的物理化学刊物。在推动现代化学从宏观的唯象认识到微观的理论了解，从定性的描述到定量的阐明，从对物质的静态认识到对物质反应的动态的实时研究，从平衡态到非平衡态研究，物理化学做出了巨大的贡献。

（5）高分子化学。高分子化学研究高分子化合物的合成、反应机理、反应热力学、反应动力学、高分子化合物改性与高分子材料加工等。20 世纪 30 年代，德国化学家施陶丁格提出大分子学说，在很短的时间里，橡胶、纤维和塑料的相继合成及其工业化的成功，标志着以有机化学、物理化学、生物化学和分子物理学为基础的相对独立的分支学科——高分子化学发展起来了。20 世纪 50 年代后，随着石油化工的发展，高分子化工得到飞速发展，德国化学家齐格勒与意大利化学家纳塔发明的齐格勒－纳塔催化剂实现了定向聚合。施陶丁格与齐格勒、纳塔因对高分子化学发展的杰出贡献，分别获得 1953 年度与 1963 年度的诺贝尔化学奖。

另外，目前三大合成材料、涂料、胶黏剂等高分子材料种类繁多，性能优异，不仅在日常生活中无处不用，而且也遍及农业与科技领域。合成各种高分子功能材料，如高效高分子分离膜、光导纤维、导电高分子材料与生物高分子材料，探究高分子材料与生态环境的和谐，将把 21 世纪高分子化学研究推向新的阶段。

（6）核化学与放射化学。核化学与放射化学是研究放射性物质和原子核转变规律的科学，它使用化学或化学与物理相结合的方法，研究放射性物质的制备、分离、纯化和鉴定，研究核素和原子核转变产物的行为和化学性质，研究放射性示踪原子在化学中的应用，研究将化学技术用于核科学的途径，研究放射性物质在科学技术和社会生产各个领域中的应用等。对于人类探索原子世界的奥秘，掌握与运用原子能技术有着十分重要的作用。

（7）环境化学。环境化学是化学与环境科学交叉渗透所形成的一门重要分支学科，环境化学主要是运用化学的理论和方法，鉴定和测量化学污染物在大气圈、水圈、岩石圈和生物圈中的含量，研究它们在环境中的存在形态、迁移、转化和归宿的规律，研究消除化学污染物的化学技术及原理。环境化学的发展对于保护和改善环境、发展可持续的国民经济具有重要的意义。

值得注意的是，1995 年度诺贝尔化学奖授予三位从事大气化学研究的科学家：荷兰的保罗·克鲁岑、美籍墨西哥裔的马里奥·莫利纳和美国的弗兰克·舍伍德·罗兰，他们鉴定了因人工合成化合物而导致平流层臭氧损耗的依据，阐明了臭氧损耗的机制。这是一个与环境有关的课题，表明了人类对于环境的关注。

（8）生命化学。生命化学是生命科学与化学相互交叉渗透的产物，是以化学的理论和方法研究生命体的化学组成和生命过程的化学变化规律的科学。生命的本质是生命科学研究的核心，而生命过程本身就是无数化学变化的综合表现。从分子水平的角度出发，生命体内储存和传递生命信息、繁衍后代、对内调节和对外适应、合理有效地利用环境资源与能量的功能，是许多具有生物活性的分子之间的有秩序、有组织的化学反应的体现。在研究生命体的物质基础和生命活动基本规律的领域里，化学不仅提供方法和原料，而且提供理论、观点与技术。

现代生命化学是在 19 世纪末 20 世纪初，在有机化学和生理学的基础上发展起来的，其目的是要解析包括人体在内的生命体的微观结构、体内生化反应机制以及复制生命体器官等。

（9）材料化学。材料是科学技术和社会进步的先导与物质基础。新材料科学技术是八大高新技术之一。化学与材料科学的交叉学科——材料化学，研究在高温、高压、低温、高真空、失重及其他极端条件下，合成具有耐高温、耐超高压、超高强度、高速信息传输和在常温下表现超导等特殊性能的新材料；用电子显微镜、电子探针、光电子能谱、X 射线结构分析、热分析等手段，研究材料的组成、结构与性质、性能的关系。

2. 现代化学的发展前沿

（1）元素起源、演化与宇宙化学。元素是万物之本，也历来是化学研究的主要对象。如今人们对于元素及其化合物的知识已经日趋系统化与理论化，但是元素自身的起源与演化仍是一个值得探索的课题，这不但对化学而且对哲学都是十分重要的。

宇宙化学是研究地球以外星球的化学。由于宇宙飞行技术的发展，人们已对月球、火星等外星物质进行分析和研究，这不仅有助于元素起源与宇宙起源的研究，也将对开拓地球以外的星球做出贡献。

（2）量子化学。1927年德裔英国理论物理学家海特勒和伦敦运用量子力学原理成功地解释了氢分子的成因，标志着量子化学的诞生。从此，结构化学乃至整个化学科学有了可靠而坚实的理论基础。

量子化学由基础理论、计算方法和应用三部分组成。从1927年到20世纪50年代末，量子化学的主要成就是三大化学键理论——价键理论、分子轨道理论与配位场理论的建立与发展以及分子间相互作用的研究，美国著名化学家鲍林和马利肯为发展化学键理论做出了杰出的贡献，分别获得1954年度和1966年度的诺贝尔化学奖。20世纪70年代以后，量子化学的发展出现了一个很有希望的趋势，那就是量子化学理论计算与化学经验相结合，分子轨道对称守恒原理与前线轨道理论就是这种结合的成果，它也标志着量子化学从静态研究推向动态研究。为此，美国化学家罗德·霍夫曼与日本理论化学家福井谦一获得了1981年度诺贝尔化学奖。

（3）分子设计与分子工程。过去，合成化学虽然创造了几百万种新的化合物，多年来化学家们也逐渐满足了高新技术的发展对于新材料的要求，但是总体而言，这种研究仍然处于自发的、分散的、个别的经验状态。科学技术的发展要求从分子设计、合成、结构性能研究直至应用，找出一套科学的办法。随着化学对于分子与分子聚集体的掌握日益得心应手，分子设计与分子工程应运而生。分子工程泛指根据某种特定的功能，在分子水平上实现结构的设计和施工。

传统的化学着眼于整理天然产物和耕耘元素周期系来发现和合成化合物。分子工程则逆向而行，以功能为导向，进行结构设计和研制。它的研究对象不再限于单个化合物，而是把重点放在功能体系上，重视功能、结构和制备三者之间的关系的原理。在实施分子工程中存在三个基本问题：一是解决功能与结构的关系，依据功能选择结构；二是如何选择结构基元，构建新设计的结构；三是如何组装结构基元，实现功能。其中，揭示功能与结构的关系应是分子工程学研究的中心。功能是体系对外界作用的响应，它与总体结构的动态过程有关。分子工程要在这方面取得突破，不但需要微观分析的手段，而且还要建立和发展综合的研究方法；不但研究分子内的化学键，而且还要研究分子间的相互作用。

总而言之，将结构基元与体系的研究结合起来，在微观和宏观两个尺度上同时把握整体的动态过程，才能有所发现。目前，分子工程正处于孕育阶段，它必将在化学与材料科学、生命科学与非平衡态、非线性科学的融合中诞生。

二、高中化学的教学理论

"化学教学理论是建立在一般教学理论之上的"[①]历史上，特别是近现代形成了较多的教学理论，它们对化学教学理论有深刻的影响，也是指导化学教学的基本理论，具体从以下方面进行探讨。

（一）辩证唯物主义理论

辩证唯物主义由辩证唯物论、唯物辩证法及辩证唯物主义认识论三部分组成，是把唯物主义和辩证法有机地统一起来的科学世界观。辩证唯物论是关于世界物质性的学说；唯物辩证法是一种以矛盾（对立统一）的观点为核心的方法论；辩证唯物主义认识论是关于人类的认识来源、认识能力、认识形式、认识过程和认识真理性问题的科学认识理论。

高中化学辩证唯物主义思想教育的主要内容包括3个方面：①辩证唯物主义物质观的教育，包括世界的物质性、物质形态的多样性和统一性、物质结构的层次性以及物质的普遍联系性等；②辩证唯物主义运动观的教育包括物质运动的永恒性、物质运动的内因和外因、物质运动的宏观表征和微观本质的联系以及物质运动与能量转化等；③唯物辩证法基本规律和范畴的教育，包括对立统一、质量互变、否定之否定等基本规律和内因与外因、现象与本质等基本范畴。因此，辩证唯物主义思想指的是辩证唯物主义物质观、运动观和由三大基本规律和若干基本范畴构成的唯物辩证法。

辩证唯物主义思想教育能为学生提供认识客观世界的最基础的立场、观点和方法，有利于科学世界观的形成。辩证唯物主义思想教育的重要意义还在于它能给学生提供一种科学信念，即客观世界是可以被认识的，人们有能力把握自然界的规律，这种信念对学生起到鼓舞和激励的作用，使他们能够解放思想，在未来探索自然界奥秘的道路上勇敢前进。当今社会，在科学技术迅速发展的同时，各类思想层出不穷，更需要人们具有认识客观世界的信念和识别真伪科学的方法。

教师要努力学习辩证唯物主义知识，自觉地运用辩证唯物主义的思想分析教材，研究教法。教师应通过教学使学生从化学学科这个层面相信世界是物质的、物质处于不断的运动之中、物质是可以被认识的（包括宏观物质和微观粒子）；认识物质的组成、结构、性质以及物质发生变化时无不充分体现对立统一、质量互变和否定之否定的普遍规律；树立内因和外因、现象与本质、原因与结果、必然与偶然等辩证唯物观。在教学中，教师要以具体知识为载体，引导学生通过高水平的思维活动，将上述辩证唯物主义思想具体化为化学学科基本观念，即从"知识为本"转向"观念建构"。

化学学科基本观念是指学生通过化学学习，在深入理解化学学科特征的基础上所获

---

① 郑光黔. 高中化学教学方法与实践 [M]. 长春：吉林人民出版社，2020：34.

得的对化学的总体性认识。高中化学学科基本观念主要包括化学元素观、微粒观、变化观和辩证观。在化学教学中实施"观念建构"的教学，有利于转变学生的学习方式，促进学生对知识的深刻理解和灵活应用，全面提高学生的科学素养。

1. 化学元素观

化学是在分子、原子层次上研究物质组成、结构、性质、变化及其应用的科学，而物质是由元素组成的，确立元素观不但有利于人们认识物质形成的本质，而且人们可以按照元素组成对物质进行分类研究，有利于人们对物质世界形成有序的认识。元素观是化学的核心观念之一，通过化学的学习，学生应当建立元素观。在相关知识的教学中发展学生对元素观的认识，需要站在学科的高度，以元素观为统领组织化学教学。元素观在化学学科基本观念中属于知识类基本观念，是方法类基本观念——分类观的基础，是化学学科的逻辑起点。

元素观的基本内容包括：元素是具有相同核电荷数的同一类原子的总称；自然界的物质都是由最基本的单元——化学元素组成的，有限的元素之间的相互组合构成了纷繁复杂的物质世界，物质是多样的，元素组成又是统一的；物质可以按元素组成分为单质和化合物，化合物可以分为有机物和无机物等；物质在发生化学变化时，元素的种类不发生改变，在核反应中元素种类则发生改变；将元素按照原子的质子数（核电荷数）大小排列，元素的性质发生周期性变化（表现出元素周期律），元素周期表是元素周期律的外在表现形式；从组成成分的角度来看，物质的性质（主要是化学性质）主要取决于其元素组成，与该元素原子最外层电子数以及该元素在物质中所处的价态密切相关；人体中化学元素的含量直接影响着人体的健康，有益元素含量太低或太高都不利于人体健康。

2. 化学微粒观

微粒观是人们对物质微粒性的基本看法，表现为自觉地在原子、分子、离子的水平上认识常见物质的组成、结构、性质、用途和变化现象的思维倾向。微粒观在化学基本观念中属于知识类基本观念，对贯通化学学习涉及的三个领域具有重要作用。

微粒观反映了人们对宏观物质的微观结构的想象，这种想象不是凭空臆测的，而是根据已有的科学理论、实验事实以及观察到的现象做出的合理推论。建立宏观世界与微观结构之间的联系是化学学科特有的思维方式。高中化学教学的重要任务是使学生建立对宏观物质的微粒性认识，使学生能从微观的角度认识自然界的物质组成、性质、结构、变化，形成对物质性质及其变化的本质认识。

化学教科书中有关微粒观的内容，从分子和原子的内容开始，初步建构微粒观，通过后面的内容进一步完善、巩固、加深，形成用微观的视角看待宏观世界的方法，最后能对物质及其变化进行"宏观—微观—符号"的三维表征，能对化学反应实质进行比较深入的分析，初步形成较为系统的微粒观。

3. 化学变化观

变化观[①]是辩证唯物主义运动观的具体化，反映了物质运动的永恒性、物质运动的内因和外因、物质运动的宏观表征和微观本质的联系以及物质运动与能量转化等。变化观是化学学科基本观念中的知识类基本观念之一。

世界是物质的，物质是不断变化的。物质的变化是化学研究的重要内容之一。人类通过化学研究可以更好地认识自然界中的物质性质及其变化规律，揭示生活和生产中一些化学现象的本质。人类通过控制物质变化，合成各种新材料，开发新能源，合理利用资源，防止污染和保护环境，促进农业增产，促进人体健康，使物质变化朝着对人类有利的方向发展，有效控制对人类不利的化学反应的发生，让世界变得更加绚烂多彩，这正是化学的意义所在。

高中生应该建立的变化观主要包括：化学反应无处不在，时时都在发生；化学反应是有条件的，条件不同时发生的变化也不相同；化学反应的主要特征是新物质的生成，分子参与的化学反应的实质是分子分裂成原子、原子重新组合构成新物质分子的过程；化学反应前后分子种类发生改变，而原子的种类、数目都没有发生改变，元素的种类也不会发生改变，反应物与生成物的质量总和不变，遵循质量守恒定律；化学反应不但遵循质量守恒定律，而且遵循能量守恒定律，化学反应在生成新物质的同时，还伴随着能量的变化，而能量的变化通常表现为热量的变化，有的化学反应要放出热量——放热反应，有的化学反应要吸收热量——吸热反应，当今社会人类需要的大部分能量是由化学反应产生的；物质变化是有规律可循的。

各种各样的化学反应是化学研究的核心内容，贯穿化学学习的全过程。通过研究化学反应可以更好地认识物质变化规律，从而更加充分地利用化学反应创造人类社会发展所需要的各种有用物质；通过控制反应条件，使物质变化朝着对人类更有利的方向发展，更好地造福人类。这正是化学研究的终极目标。因此，变化观的建立对学生的化学学习及今后发展都将产生重要的影响。

4. 化学辩证观

化学教学的辩证观在这里是指运用对立统一、质量互变和否定之否定等唯物辩证法的基本规律研究和认识物质和化学反应的方法，是对物质和化学反应的现象和本质、原因和结果、可能性和现实性、偶然性和必然性、相对性和绝对性、普遍性与特殊性等唯物辩证法基本范畴的认识。辩证观是化学方法类基本观念，对辩证观的教育涉及对唯物辩证法基本规律和范畴的教育。

自然科学是唯物辩证法和辩证唯物主义认识论等思想形成的重要来源之一，这些思想又反过来对自然科学的发展发挥着重要的指导作用。化学作为一门自然科学，其与唯物

---

① 变化观是人们从动态的角度对物质变化本质的总的看法，即对物质是否会变化、物质会怎样变化、物质为何会变化的基本看法。

辩证法和辩证唯物主义认识论的基本观点和规律有着必然联系。在化学教学中充分挖掘化学领域中蕴含的唯物辩证法和辩证唯物主义认识论，寻找最佳的教育时机，进行唯物辩证法和辩证唯物主义认识论教育，对化学教学效果的提升有着极其重要的作用，不但有利于学生掌握化学学科中难以理解的知识内容，而且有利于启发学生自觉运用唯物辩证法和辩证唯物主义认识论的观点和方法解决实际生活中的化学问题，有效提高学生认识问题和解决问题的能力，树立正确的世界观，初步奠定认识世界和改造世界的方法论和认识论基础。

（1）对立统一唯物辩证法。唯物辩证法既是世界观，又是方法论，其核心是矛盾（对立统一）的观点，它从总体上揭示物质世界普遍联系和永恒发展的基本规律和范畴。辩证唯物主义认识论则把辩证法应用于认识论，指出社会实践在认识中的地位和作用，揭示了人类认识的辩证发展规律。辩证唯物主义强调，任何事物的内部各部分之间和事物之间都是相互联系的。在化学中，物质的组成、结构、性质、变化规律、用途、制法、存在方式等方面都存在必然联系，元素及化合物之间的相互转化也存在必然联系。高中化学教学中要善于引导学生关注和发现事物间的联系，寻找内在的联系规律，学会用事物普遍联系的观点去掌握纷繁复杂的化学知识，根据化学知识内在的逻辑结构形成良好的知识网络体系，为知识的灵活运用和学生的发展奠定基础。

唯物辩证法强调矛盾的普遍性和特殊性。矛盾是普遍存在的，并且各种矛盾各不相同，都有其特殊性。另外，辩证唯物主义认为客观事物之间或事物内部存在对立和统一两个方面的关系，统一和对立是矛盾双方所固有的两种属性，它们既相互依存、相互渗透，又相互排斥，从而推动事物发展。对立统一规律普遍存在于一切物质、现象和过程之中。具体到化学学科中，例如，化学物质及化学发展的两面性、物质活泼性与稳定性等，这些内容都生动地体现了自然界中的对立统一，运用对立统一规律可以更好地理解化学中这些矛盾共同体的存在及相互斗争和相互转化关系。

（2）质量互变唯物辩证法。质量互变规律揭示了事物发展形式上具有的特点。世界上任何事物都处于变化发展之中，事物的发展从量变开始，量变是质变的前提，量变引起质变，质变又引起新的量变，循环往复以至无穷，构成了事物无限发展的过程。化学是研究物体由于量的构成的变化而发生的质变的科学。在化学中，质量互变规律以各种不同的具体形式表现出来。所有化学反应的发生都是量变引起质变的结果，元素周期表中原子核电荷数的变化引起元素化学性质的改变，温度、压强等因素的改变导致物质的三态变化，这些都是质量互变规律的体现，这一规律还体现在相同的反应物由于反应物质量关系不同、反应条件改变产物也随之改变，如碳与氧气的反应、二氧化碳与石灰水的反应、铁与氧气的反应，以及不同浓度的硫酸、硝酸与金属的反应等。

（3）否定之否定唯物辩证法。否定之否定规律揭示了事物发展的方向和道路。化学学科的发展正是否定之否定规律作用的结果，即新的理论否定旧的理论，推动该学科的理论与技术向更高级阶段发展，如此重复，推动化学学科的不断发展。元素周期律的发现及元素周期表的演变过程，氧化还原理论、酸碱理论、燃烧理论等诸多化学理论的建立，原子结构认识所经历的各个历史过程等，这些无不是否定之否定规律的生动体现。

否定之否定规律对学生的化学学习有重要的指导作用，它能让学生充分认识到学会思考，学会质疑，勇于质疑传统权威，坚持真理的重要性，不能盲目学习、盲从书本知识。否定之否定规律有利于帮助学生树立学习知识的信心，激励学生勇于面对学习与生活中的各种困难和挫折。高中化学教学的辩证观教学，可以做到以下方面。

第一，充分挖掘教科书中蕴含的唯物辩证法思想，适时适度地对学生进行渗透和教育。化学教科书中蕴含着丰富的辩证观素材，教师要认真研究教科书，探寻学科知识与哲学思想的最佳结合点，将哲学思想寓于化学教学之中，教师的引导既要使教学有效进行，又要使学生受到哲学思想的影响，提高科学素养。

第二，善于从生产、生活中对化学的实际应用入手，将辩证唯物主义教育与化学教学有机地结合起来。化学源于生产和生活，又服务于生产和生活。教学中要善于挖掘生产、生活中对化学的实际应用，这种做法不但可避免说教教育，而且能达到让学生终生难忘的教育效果。

第三，重视实验教学，在实验中渗透辩证唯物主义教育。实验不仅是学生认识世界的一个重要途径，而且是对学生渗透辩证唯物主义教育的较好时机。

（二）三重表征教学理论

"宏观—微观—符号"化学三重表征已经逐渐成为最有影响力、最具创造性的思想之一。化学三重表征包括三重外部表征和三重内部表征，其是指宏观知识、微观知识及符号知识外在的呈现形式和在头脑中的加工与呈现形式。有实证研究发现，学生对一些化学核心观念的理解存在相异构想的原因是缺乏三重表征的理解，这就意味着在高中化学教学中要促进学生对三重表征的理解。

从微观结构解释宏观现象是化学学科独有的思维方式，化学学科的特点决定了化学学习中，学习者要从宏观、微观和符号水平对物质及其变化进行认知。加强"宏观—微观—符号"教学，使学生学会从微观水平分析宏观现象，依据宏观现象揭示微观本质，并用符号语言进行表征，实现在"宏观—微观—符号"认知水平的自由转换，化学三重表征教学能促进学生化学核心观念的建构，是"观念建构"教学必不可少的指导理论。

（三）建构主义教学理论

建构主义实质上是一种从行为主义逐步向认知主义过渡的新型教学理论。建构主义明确提出，世界是真实存在的，但每个人对世界的认知存在一定差异，并且对世界所赋予的意义有所不同。建构主义主要依据个人经验来建构现实，不同个体的认知、经验、理解力均不相同，这就导致个体对世界的理解存在偏差。建构主义的教学理论更倾向于凭借个人经验、心理结构来对知识进行系统化的建构，更加强调认知主体的重要性，教师在知识建构过程中扮演着重要的角色，为了突破传统教学思维的束缚，教师应当充分发挥学生的主观能动性，让学生成为学习的主人。

知识的动态性可谓建构主义的核心，对于学生而言，原有的知识体系以及学习经验会为今后的学习产生深远的影响，随着学生认知能力、学习能力的不断增强，化学知识不再是被动地接受，而是主动从化学实践活动中获取，通过实践对课本中的理论知识进行更加深入的研究，不断丰富学生的化学知识并提高学生的实践能力。

学生观在构建主义中占据重要地位，学生观主要强调主动建构的重要意义，学生应当在具体的文化背景或交流场景中完善知识建构，在化学教学活动开展过程中，学生与学生之间可以加强沟通、分享各自的学习经验，培养自主学习的能力及团队协作能力。

建构主义教学观中要求教师应当具备扎实的教学基本功及丰富的教学经验，从全方位、多角度为学生提供优质的教学服务和教学资源，倡导并鼓励学生团结协作，充分发挥观念建构在化学教学中的优势。无论是知识观、教学观，还是其他教学观念，这些具有先进性、新颖性的教学理念会对化学教学产生一定影响。

第二节　高中化学教育宗旨与必要性

一、高中化学教育的宗旨

化学教育的宗旨是以学生发展为本，就是要尊重和信任学生，切实关注学生的个性差异，充分挖掘每一个学生的个性潜能，使所有学生都能在原有基础上获得发展；就是要创设生动活泼的学习情境，充分发挥学生的主体性，使学生在主动参与、自主探究、合作交流的活动中获得知识与技能、过程与方法、情感态度与价值观等方面的全面和谐发展，培养学生终身发展的能力。

在心理学层面上，发展具有四个方面的定义：第一，发展是指一种能够促进某种事物进步、变化以及增长的过程；第二，发展与生长相等同；第三，发展强调一个人生理和心理的成熟；第四，发展注重描绘在整个生命周期中有机体不断变化的过程。因此，学生的发展过程涉及身体、心理两个层面的生长和发展变化。所以，学校开展的教育也应该是围绕学生个人成长和健康发展的，从而提高学生的综合素质，促进学生全面健康发展。在当前的教育课程改革中，学校应该以学生为中心，并将其作为开展教育工作的教学目标和教学入手点，从而促进学生可持续发展和个性化发展。

"以学生发展为本"是指学校教育应面向全体学生的发展，而不是单单强调部分学生的成长、发展。另外，学校也应该在强调学生智力发展的同时，注重学生人格和素质的全面发展及在多个层面、多种价值维度的成长与发展。

1. 面向全体学生的发展

学校教育是一种围绕每个学生展开的身心教育，目的是促进学生身心全面发展，从而提升学生的综合素质。教育应该是面向全体学生的，无论学生在家庭出身、文化背景、经济条件、民族、地区、兴趣、年龄以及性别等方面是否存在差异，学校都应该密切关注全体学生的身心成长，平等对待每个学生，并且给予学生平等且充分的学习机会和成长关注，从而帮助学生在智力和心理双方面得到提升。传统教育只关注学生的智力发展，并且仅仅关注部分学生的成长、发展，特别是在科学教育领域，学校往往只注重把学生培养为科学精英。而社会对人才的需求是多元的，既要有发展高科技的高标准人才，又要有发展农业经济、工业经济的合格人才。因此，为了整个社会的发展，学校应该强调全体学生的发展，而不能只注重科学精英的培养，而应该使文化、科学能够共同为社会服务。当然，这也要求学校应该培养大量掌握不同知识技能的人才，学生通过对课程知识的学习，为社会做出相应的贡献。

综上所述，教育不仅需要为高一级学校培养大量优秀人才，而且还需要为社会输送大量的合格劳动者，从而促进学生全面健康发展。根据《中国教育改革和发展纲要》的相关内容，教育事业的发展应注重提升学生的综合素质，从而实现人口负担向人力资源优势的转化，满足社会发展的需求。

一方面，面向全体学生所展开的教育要体现在信任、尊重每个学生，给予每个学生平等的学习机会和爱心，并且相信每个学生都能获得成功，从而帮助学生建立自信心，保持积极乐观的心态，充分开发自身的潜能，促进学生实现个性化成长和全面健康发展。另一方面，面向全体学生开展的教育也需要学校根据学生的实际情况调整课程设置和课程走向，不断调整学科知识体系的实施方法和开展思路，从而构建一个可以满足学生个人成长发展需要、符合学生学习特点的课程体系。此外，在学科教学内容方面，教师也应该从学生的现实生活经验出发，结合每个学生的不同需要，建立多元化、差异性的教学模式，满足学生个性化需求。

面向全体学生开展的教育也要求教师在教学活动中根据学生的实际情况因材施教，密切关注每个学生的身心发展和人格特点，给学生提供平等的学习机会，使学生能够在学习中开发自己的潜能，并通过分层评价、分层练习、分层指导、分层要求等学习方式，在原有基础上让学生素质获得大幅度提升，从而成长为不同规格、不同层次、对社会有用的人才。

综上所述，学生应该学习多方面课程知识，增长自己的见识，保持积极乐观的心态和轻松愉快的心情，了解化学、学习化学，充分开发、探究化学这门学科中的奥秘，激发自己的自觉性和好奇心，增强自己的自信心。另外，教师也能够通过给予学生同等的学习机会，提高他们的化学知识储备量和化学技能，具备适应现代生活和未来生存所需的生活态度和科学素养，帮助学生在原有知识水平上提高自己的知识水平，促进学生身心全面健康发展。

2. 增强学生的全面性发展

纵观教育事业的发展历史，教育的重心逐步发生了巨大的变化，从关注教授学生学科知识到关注培养学生技能和能力的转变，体现了社会的发展需求，同时也帮助学生形成正确的价值观念和情感态度，从而为社会做出相应贡献。在传统教育活动中，教育事业通常只关注学生在智力方面的提升，只强调对部分学生的成长培养，以考试、升学为教育的出发点。虽然个体需要一定的知识基础才能成长和发展，但是如果仅传授知识，个体便不能够更清楚地认识世界、了解世界、改变世界，从而阻碍了学生的个性发展和素质提升。

学生未来的成长不但需要掌握学科知识，而且还需要在价值观、情感态度以及方法过程等方面提高自己。在当前的社会发展条件下，社会需要大量的人才来弥补各个领域的空缺，这也就意味着学校应该增设大量的学科知识和课程内容来满足学生和社会的需要。因此，在知识经济时代，学校应该制定合理的课程体系和结构框架，使学生能够在有限的时间内学习到更多、更丰富的学科知识，增长学生的见识，满足社会对人才的需要。另外，对于科学知识，学校应该采用更加有效、更加合理的教学方法，使得学生可以更加清楚地了解知识的来源以及解决问题的方法，提高学生获取知识和应用知识的能力，适应日益发展的社会。

与学习过程相同，科学的学习过程也是一个情意活动与认知活动相互统一的过程，不仅需要教师关注学生在能力、方法、技能以及知识等层面的提升，而且还需培养学生形成正确的价值观念和情感态度。因此，若能够充分激发学生对科学的兴趣，便能够使学生获得充分的学科技能和学科知识，并能以正确的价值观念对待生活中的人和事，充分激发学生学习的主动性和自觉性，增强学生的社会使命感和责任感。

由此可见，学习过程不但可以帮助学生理解科学技能和科学知识，而且还能够提升自己处理问题和解决问题的能力，形成正确的价值观念和生活态度，从而提升自己适应社会的能力，促进学生身心全面健康发展。当然，这一过程具体体现在价值观念、情感态度、过程方法以及知识技能等方面，需要学校按照学生实际情况制定合适的学习任务和学习目标，密切关注学生的身心健康。

3. 突出学生的个性发展

学生是一个独立的个体，具有不同的发展潜能和发展特点，这也就意味着学生在生理结构、认知风格以及智能结构等方面具有一定的差别，而学校应该根据这种特点，关注每个学生的成长发展和个体差异，充分激发学生个体特长和兴趣，促进学生全面发展。

多元智能理论认为，每个人至少有七项智能，即语言智能、数理逻辑智能、视觉空间智能、音乐智能、身体运动智能、人际交往智能、自我认知智能。具体到个人表现有所不同，大多数人居中，某几项优异，某几项稍差，某几项更次之。正是每个人所拥有的智能的发展程度和组合方式不同，构成了人与人的差异，也构成了人类社会的丰富性。多元智能理论为人们提供了一种个人发展的模式，每个学生拥有的智能是不同的，学校应该提供多样化的课程，创造丰富的学习环境，给每一个学生不同的发展空间，帮助每个学生得到最适合其自身天性和意愿的发展和成长。

突出学生的个性发展就是要承认差异、尊重差异、善待差异，把学生看成有个性的学习者，要给学生创造一个自主的发展空间，使他们的个性得到充分的、自由的发展。教师在教学中应该尊重学生的主体地位，全面观察和分析每个学生，因材施教，让每一个学生都能按照自身固有的天性和禀赋发展自己，展现自己。突出学生个性的发展，这是保证每个学生都能得到充分发展的基本前提。

二、高中化学教育的必要性

科学的产生和发展一开始就是由生产决定的。任何新学科的产生都离不开社会生产、经济、技术、文化的影响，归根结底是社会生产力发展的结果。一门新学科从母体学科中分离出来，是科学自身深化、发展的需要。新兴边缘学科的产生，是科学总体系统中有关学科分化、综合这一矛盾运动的产物。化学教育也不例外，它的建立同样反映了历史发展的必然性和科学发展的规律性。

（一）高中化学教育是化学教育研究的表现

高中化学教育研究表现出以下趋势：①积极引入国外教育理论。对教学实践影响较大的，择其要者有：苏霍姆林斯基、赞可夫、巴班斯基等人的教育理论和教育实验；程序教学的理论和技术；布鲁纳的结构—发现教学理论；布卢姆的掌握学习理论；卢扎诺夫的暗示教学法等。这些理论和方法的引入活跃了学术气氛，开阔了教改思路。②开始引入系统科学、思维科学、行为科学等新兴学科的概念、原理和方法，对化学教育过程做多角度审视。③重视"五育"统一和非智力因素，开始对化学教育进行德、智、体、美、劳五育结合和知、情、意统一的整体性认识。④汲取现代教学论的新成果，教材教法研究注重提高系统化、理论化程度。可见，我国化学教育研究的实践已在很多方面为建立化学教育学做了准备，而建立化学教育学正是化学教育研究整体化、理论化的必由之路。对此，应当做以下 3 方面的工作。

1. 化学教学法改革，有助于实现理论改造与飞跃

传统的化学教学法，基本上属于应用性的经验学科。教法研究也大多是经验描述性的，种种命名的教学法中虽然不乏精华，但不少只是课型、程序、结构的"变式"，彼此似异似同，难寻"质"的区别。学科并不等于科学，一门科学要变成一门学科，需要经过一番改造，改造的理论就是一门学问，这门学问就叫学科教育学。把教材教法改造成为学科教育学是一次理论上的飞跃，这就明确指出了教学法改革的根本出路在于理论的改造和飞跃，阐明了学科教学法和学科教育学之间的辩证关系。

需要注意的是，教学法的经验和成果是建立化学教育学的主要实践基础。离开这个基础，化学教育学就会成为无源之水，无本之木。特别是近年来，在学科体系和内容上有所创新，把观点、态度、"双基"、能力和科学方法在教学中统一思想贯穿到各类课题的研讨与讲授之中，把当代国内外化学教学理论与教材研究中所关注的学术前沿的新问题和新成就反映出来，已经将学科教育学的部分内容逐渐地渗透到教学法课程之中。有些研究化学教学艺术的学术专著，已经采用跨学科研究方法，主要把教育学、心理学与本学科教学结合起来，同时，还广泛涉及语言学、美学、教育测量学等多种学科知识，以及系统科学、思维科学的原理，结合本学科特点，对教学过程进行综合研究，从而突破了教学法研究的旧格局，初露学科教育学研究的端倪。因此，从某种意义上说，教学法的改革正是化学教育学的先导。同时，化学教育学不仅要从教学法的实践出发，而且要遵循"基于实践—深入理论—归于实践"的路线，最终在新的理论高度上能动地指导教育实践，这样的化学教育学才有生命力。

2. 教育学理论的应用，反映化学学科的个性化

化学教育研究的整体化、理论化，主要方面就是运用教育学的基本理论对化学教育实践进行理论总结和抽象概括。因此，教育原理、规律的阐述和运用必须反映化学学科的个性。

（1）教育过程和学习过程的研究应以化学教育为主要对象。化学教育的内涵不仅与文科教育截然不同，而且与相近的自然学科相比也有很大不同。例如，数学教育中的数形概念、公理方法、材料的逻辑组织化、高度抽象的数学语言符号系统等，与化学教育中的自然现象、认识自然的兴趣、自然科学概念的形成和发展、实验方法、化学用语等，显然各具特点。因此，只有以化学教育为研究对象，才能反映其教育过程和学习过程的特殊性，揭示化学教育的特殊规律以及一般规律在该领域中的特有表现形式。

（2）德育、美育、体育、劳动技术教育应与化学教育结合和渗透。化学教育中有丰富的德育、美育、体育、劳动技术教育因素，但往往蕴含在学科知识、技能的教学中，因此需要教师自觉地去深入挖掘，采取有机结合和潜移渗透的方法，才能在促进学生全面发

展方面收到应有效果。

（3）化学教育与社会化学的整体研究。教育与社会发展是教育学中的重要理论课题，化学教育与社会发展的关系，不仅以培养化学专门人才为中介，更以社会化学为联系枢纽。现代化学几乎深入现代社会生活的各个领域，不仅影响着经济发展，而且影响到文化、艺术、伦理、法律……化学教育与社会化学的整体研究，必然有助于更加深刻地认识教育在当代社会发展中的巨大意义。

3. 化学教育心理学分析，实现化学学科个性化

化学教育学必须应用心理学的规律和原理。从心理学观点看，教育情境的本身就是一种特殊的客观现实，教育作为一种外部条件和积极的手段，制约着受教育者的心理活动，影响他们的心理发展；受教育者则通过积极的心理活动接受教育的影响。在教育实践的每一方面都包含许多不同的心理学问题。用心理现象的普遍规律，发现和解决教育实践中的心理学问题，是教育心理学的任务。这一任务在化学教育实践领域的具体化过程中，则实现着教育心理学的学科个性化。

教育心理学的研究指出，受教育者的心理活动总是同教育的内容不可分割，教育心理学不可能完全离开具体的教育内容来研究教育中的心理现象。因此，化学教育学中的心理研究同样也要与化学教育为主，不但要从本学科教和学的实践活动出发，研究学生的学习知识、技能的心理问题与教师心理问题，而且对学习兴趣、情感、意志的研究要充分反映化学是一门实验科学的特点，重视实验心理分析。即使对教育与心理发展、学习心理、创造心理等基础理论问题的研究，也决不能离开学习化学的心理活动材料，不能脱离指导化学教育实践的主要目的。这样才能做到既丰富化学教育学的理论内容，又能直接满足教育实践的需要。

（二）高中化学教育是世界化学教育发展的趋势

从世界范围看，化学科学教育已有百年历史。直到 20 世纪 50 年代前后，化学教育仍然是在传统教育学理论的影响下发展，研究中心主要是以化学教育为对象的教材教法，教学方法虽然日臻细密，但是教育思想的重大突破却甚少。20 世纪 50 年代以来，世界性的科学技术革命对化学教育产生了较大的冲击和有力的推动。面对现代科学技术发展的新挑战，必须发展教育，开发智力，培养人才。教育要承担起如此巨大的任务，自身必须实现由小教育观向大教育观、由知识储备式向智能开发式、由单纯反馈教育模式向反馈与前馈结合模式的巨大转变。在这个转变面前，化学教育面临着许多新情况、新问题，诸如，化学教育的社会性，化学教育目标的再认识，教材结构、功能的动态变化，化学教育过程的整体优化，等等。这些问题的解决都与化学教育的现代化息息相关，都需要化学教育学来研究和回答。这正是化学教育学诞生的外部动因。另外，现代科学的新发展又为建设化学教育学提供了建构思路、理论基础和崭新的方法论。

科学上有个著名原理，即科学的突破点，往往发生在社会需要和科学内在逻辑的交叉点上。现代科学发展的内在逻辑，往往表现为科学不断分化和学科不断综合这两种互相对立、互相联系的趋势之间的矛盾运动。教育科学也是如此，在教育学的发展过程中，一方面在外部方向纵面分化，并与其他领域的学科交叉产生一系列边缘学科；另一方面在内部方面纵向分化，产生一系列下位理论分支。当教育科学受到社会需要的激发和自身矛盾的推动时，这些高度分化的学科在某些特定领域内又出现按某一特定方向统一起来的整体综合趋势，从而使教育学横向分化出新的学科。科学发展的这种矛盾运动，为建设化学教育学提供了建构思路。

化学教育是一种综合的社会现象，在化学教育的理论研究中，必须综合运用哲学、教育学、心理学、语言学、逻辑学、美学、思维科学、行为科学、系统科学以及现代化学的理论成果和研究方法，化学教育学才有可能建立在坚实的科学基础之上。例如，现代系统科学的教育哲学提出，教育的基本原理是适应与转化，教育的根本目的是发展与创造，教育的主要手段是系统与控制。这种建立在系统科学成果之上、体现大教育观的教育哲学，区别于西方实用主义的、存在主义的、结构主义的各式各样的教育哲学，为化学教育学的理论建构提出了明确的指导思想。

为化学教育学提供崭新方法论的，是控制论、信息论、系统论，总称系统科学。系统科学突破了以抽象分析为核心的传统方法，是对自然事物进行整体的、综合性动态研究的结果。系统科学的成果，为现代科学技术的发展提供了新的概念和方法，使得科学从古代浑然一体的生动直观，经过近代分门别类的研究，达到一种更高的辩证综合的具体方法。在化学教育学研究中运用系统科学的方法论意义，应当在于改变化学教育科学的传统图景和化学教育工作者的思维方式。

第三节　高中化学学科的特点与方法

一、高中化学学科的主要特点

第一，知识覆盖面广，而且复杂。高中化学的知识点远比初中化学分散、复杂很多，有很多知识点都是在考查学生的记忆和理解能力。例如，常见的化学反应中，新生成的物质类型有气体类、沉淀类，或者存在两者都有的情况。因此，只知道化学反应产生的条件现象等远远不够，还要知道新生成的物质是如何形成的，掌握一定的化学反应规律，对分析其他生成物的成分有很大帮助。

第二，化学知识点比较抽象。在高中阶段，学生能够接触到的理科科目中有很多抽象的知识，化学这门学科也有许多概念知识，包含了很多重要信息，需要学生仔细阅读和研究。这样，才能明白化学学习的真正含义。除此之外，有很多知识点虽然与日常生活有紧密联系，但理解时也有一定难度。例如，人们每天都会接触到有机食品。在化学领域中，所研究的有机化学分子式相对比较复杂，这和无机化学有所不同，它的分子式主要呈现出抽象的特点，产生的化学反应经常让人摸不着头脑。可见，有机化学在化学学习中既是重点，又是难点。

第三，化学方程式比较复杂。学习初中化学时，化学反应方程式相对简单，只需要简单记忆物质发生的反应即可。学习高中化学时，化学反应方程式更加复杂，只是简单记忆不同物质的性质和能生成哪些新物质，并不能提高化学成绩。而是需要根据反应物的分子数来判断物质的性质，如果分析的准确性得不到保障，很容易形成错误的生成物。高中阶段的化学涉及的方程式没有初中简单。在学生接触到的化学反应中，会有很多物质参与进来，甚至同一种物质出现在很多化学反应中也极为常见。因此，学生很容易混淆这些概念，如果不厘清它们之间的关系，接下来的知识学习和理解也会受到影响。

二、高中化学学科的教学方法

高中化学知识较为复杂，具有微观性和抽象性等特点，学生学习具有一定难度，采用不同的教学方法，有助于提高学生对化学学科的兴趣，进而培养学生独立思考及学习的能力。高中化学学科教学方法有很多，下面重点探讨思维导图教学法。

教师在进行化学教学时，选择提出问题、解决问题等过程进行学习的时候，教师可以为学生构建一个问题的大体框架，学生在这个框架范围内进行思考，提出一系列的问题。先进行自主的思考，然后小组之间进行交流，最后总结一些问题。教师对学生所提出的问题进行分析，梳理出比较有价值的问题，写在黑板上，形成思维导图，之后教师和学生可以继续讨论和思考，对问题进行拓展，同时探究问题的解决，完善思维导图。

第一，思维导图法在小组讨论中的运用。小组讨论是高中化学教学中普遍采用的一种方式，但小组讨论也存在一些不足之处，如成绩不佳的学生很难融入讨论等。而在思维导图的引领下，学生可以有计划、有条理地进行讨论，让混乱的信息有意识地构建。例如，在小组讨论中，教师让一名学生负责实际讨论记录，将其他学生对某一知识点的不同意见标记出来，之后学生通过思维导图的特点，进行小组汇报，最终的讨论结果在思维导图上标记好，最后让学生通过观看思维导图明白这一知识的重点在哪里，提高学生学习效率。

第二，思维导图法在化学复习中的运用。在授课活动完成后，思维导图能够帮助学生巩固所学知识，提升学习效率。作为教学工作的重要环节，高效、科学的复习不仅能够帮助学生温故而知新，加深对原有知识的记忆，还能使其举一反三，对所学知识融会贯通，提升化学教学效率。思维导图的复习模式，本质上是将课本变薄，通过将知识结构条理化、系统化，形成一目了然的知识结构网络。在复习环节中，教师可以以思维导图为框架，引导学生完善以前学习过程中的薄弱之处，培养其总结、归纳的能力。在化学课堂教学中，教师要给予学生充足的思考和总结时间，要求他们对相关知识进行总结，以便顺利地完成学习任务，发展个体化学核心素养，促进对知识的掌握和理解。

在人类的交流沟通中，图相比于文字，有更为直观高效的语义表达，更有助于学生大脑皮层的思维能力锻炼。因此，在学习化学过程中，加入思维导图不仅可以发散学生思维，还能够帮助学生厘清疑难知识点，明确教学重点，提高化学学习效率。

第四节　高中化学课程内容与资源解读

一、高中化学的课程内容

（一）高中化学课程内容的选择

1.高中化学课程内容选择的影响因素

（1）历史因素。化学课程历史传统与化学课程内容选择。课程是一种历史文化积淀，其发展必然基于一定的历史传统与教育习惯。一定时期的化学课程是在以前化学课程基础上的发展与超越。我国化学课程经过长期的积累也形成了自己的传统与风格。

（2）价值因素。化学价值因素指的是化学课程的价值取向和化学课程的内容选择。其中，高中化学课程的价值取向指化学课程是为化学主体（学生）、社会以及精神服务的客体；化学教育可以为学生以及社会产生巨大的价值，化学课程的内容选择也会受到社会发展、社会价值的影响。以往不同时代的化学教育课程内容的选择就受到了时代的影响，选择了不同的化学课程内容。

当代化学价值的取向和课程的内容选择会对未来化学发展产生一定的影响。在化学的发展中，我们应该明确学生是学习的主体，化学课程的价值取向必须围绕学生开展，对高中学生进行化学课程的教育不是为了将学生培养成世界知名的化学专家，而是为了帮助学生形成化学思维，应用化学知识和化学思维解决实际生活中的问题。通过化学教育促进学生的理智发展，为学生的生活带来更多影响。因此，化学教育的价值是既要帮助学生掌握一定的化学知识，也要帮助学生形成和建立理智的思维方式，通过知识与理智的结合，促进学生更好发展，这一教学目标也证实了化学学科所具备的不只有理性层面的知识，还有情感方面、意义方面以及价值方面的感性知识。

无论教育是否属于社会的生产模式，教育的时代性都是通过教学内容的重新选择实现的，只有对内容进行重新筛选，才能通过内容体现当前时代的社会政治和社会经济等状况。高中化学课程的内容选择既需要满足学生的发展需求，还需要结合社会、经济、文化的发展状况。那么选择教育内容时将会面临这些问题：到底是学生的需求重要，还是社会的发展需求重要；是注重培养学生的知识水平和能力，还是注重培养学生的学科素养；在社会需要中，是注重社会经济的需求，还是注重社会文化的需求。这些内容的决定权都取决于当前时代的教育目标。如果时代的教育需求和教育目标发生了变化，那么课程内容的选择必然要随之变化。

综上所述，高中化学课程内容的选择不能仅局限于化学知识的选择，还应该选择可以提升学生思维能力的课程内容，帮助学生从化学知识中汲取真理和精神价值，实现学生的全面发展。也即，应该改变化学课程内容的选择模式，从以往的单一模式向多元化的教学模式发展。

（3）文化因素。文化因素指的是化学课程的内容选择和文化发展之间的关系。科学成为独立文化以后和人类文化一直存在纷争，但是科学文化的重要是不言而喻的，而且随着社会的发展，变得越来越重要。

随着科学文化的多元发展，教育越来越难以囊括全部的科学文化，所以出现了课程的选择，课程的选择范围依旧是在科学文化的范围之内，并且因受到科学文化的影响而不断变化。

2. 高中化学课程内容选择的具体要求

（1）高中化学课程内容选择的重心变更。

第一，从高中化学课程内容概念内涵看：从单一要素向多个要素过渡。课程选择是一个复杂的问题，具体该选哪些内容、其关系如何等问题一直困扰着众多研究者。基础性、时代性、选择性成为当今课程选择应该遵循的最主要的三大原则。在这些原则指导下应该选择怎样的课程是一个更加具体而实在的选择问题。

所以，高中化学内容的选择需要从单一向多元转化，如在高中化学课堂中注重培养学生的科学发展观念、解决问题的实际能力。除此之外，也应该普及化学历史、化学本质相关内容。化学课堂在增加内容的同时，也增加了教学的难度，教学难度的增加可能会引发教学问题，如教学要素的添加、添加的要素之间应该保持怎样的比例、要素之间的相互作用会产生怎样的结果。

第二，在高中课堂中添加要素，如果采取定量的方式，那就需要考虑如何计算各个要素的量值，而且一个要素不仅有要素本身，要素还包含了很多其他的组成部分，组成部分之间又该如何量值是定量化方式难以解决的问题，所以不能采用定量化的方式选择要素。那么各个要素的选择应该采用何种方式、何种程序、何种操作，是化学课堂多元化发展过程中要考虑的问题。

高中化学教学应解决的并不是要素的定量配比问题，也不是单纯的讨论哪个要素重要以及要素顺序的问题，化学教学需要考虑的是如何在各要素之间寻找平衡和稳定，这里的平衡和稳定指的是相对平衡和相对稳定，根据要素对学生产生的作用，合理选择化学教学中的要素。如果化学课堂的主要目标是培养学生应用化学和解决实际问题的能力，那么化学课堂在选择要素时，就应该围绕化学能力的培养科学地进行选择。由此可知，课程要素的选择依赖于课程的主要教学目标，不同的教学目标会产生不一样的教学选择。也即，化学课程的选择要解决的是明确教学目标，并且围绕教学目标选择与之相配的要素，并且维持各个要素之间的平衡。"提升学生的化学学科能力是一项长期而又艰巨的任务，需要广大教师充分利用化学教学提供的机会，并将其渗透在化学教学的全过程"[①]。

第三，我国化学的课程教学从传统的重视知识数量转化为现在的重视知识价值。每一个独立的学科都有它独特的价值，也是这个学科可以在众多科学中占有一席之地的原因。每一个学科的自身价值都体现在其知识含量、学科思想以及知识方法之中，尤其是如果一个学科具有庞大的知识储量，学科的这种价值作用更为明显。如果想将一门学科以课程的方式传授，那么最基础的就是选择学科知识和学科内容，教育的核心是如何选择化学知识、如何布局，解决了以上问题化学课堂就会顺利进行。化学课堂需要选择知识体现出化学已经具备了大量的知识储备，并且随着时间的推移，化学知识量还在持续增加。

化学知识的意义受到化学情境和化学主体的影响。化学教育如果想持续发展就必须进行化学知识的选择，知识的确立对个体素养的培养是有益的。应该尽最大可能选择和化学要素有关联的教学内容。课程知识选择和要素会影响化学学科的教学效果。

高中化学课程的开发和实践受到外界环境的影响，如学生的接受能力、化学课程的基础性、继承性以及学习条件等。尽管化学学科在整体上发展较快，但是对于化学课程，知识的变革速度落后于学科的整体发展速度。

综上所述，化学知识的数量变化形式并不是单一的，它存在一个增加、减少和适量变化的过程。数量的变化也反映出化学的课程内容选择并不只关注知识的数量或者课程的难易程度，而是考虑到教育的实际需要。化学教育的实际需要除了资源的需要，还存在化学知识价值教学的需要。化学知识数量的变化并不是课程内容选择变化的主要原因，化学内容的变化更加多元。

（2）高中课程内容选择过程中应注意的平衡关系。

第一，注意学生当下的学习和未来的发展之间的平衡。教育应该是以学生为主体，学生是教育的根本，是教育价值的最终体现。教育的主体是学生，教育的起点也是学生，学生是教育的最终目的，教育是为了实现学生能力的提升，所以教育的起点应该是学生的从前，重点应该是学生的未来。

高中化学课程的设计和时间都应该以学生为基础。学生一直是教育存在的目的，为了促进学生更好地发展教育应该选择一些具体的内容开展教学，选择哪些方面是需要着重

① 陆军. 高中学生化学学科能力的要素及培养策略 [J]. 教学与管理，2014（28）：51-53.

思考的问题。在选择教学目标时，应该考虑学生当下的生活和未来发展之间的关联，也就是教育不仅应该关注学生以后的发展，还应该关注学生当下的学习状况。

教学课程的理想状态是学生可以在生活中学习，可以将课堂所学应用于实际生活，这种形式的课堂可以培养学生的各种能力，提高学生对课堂、对学科的兴趣，为了更好地缩短课堂和生活之间的距离，课堂教学内容应该结合学生的生活实际，在学生能够理解的范围内尽可能多地向学生传授与生活相关联的知识。除此之外，化学教学的教学价值不单是直接的知识价值，还包括很多潜在的价值。

学习化学课程既可以帮助学生提高外在的能力，又可以帮助学生发展内在的潜力，具体表现为化学课堂可以帮助学生掌握用化学知识解决生活问题的能力，又能通过化学知识的学习帮助学生培养理性思维，加深对化学知识的了解，拓宽认知范围。化学课程的重中之重就是以学生为课堂主体，将学生的现状和未来发展需求纳入课堂教学的考量范围，基于学生的生活实际开展教学，帮助同学了解生活中的化学知识，立足于学生的未来发展，帮助学生提高独立思维能力和解决问题能力。

第二，平衡社会要求之间的关系。教育涉及多个方面，教育的发展也必须兼顾各个方面的要求。教育的要求主要体现在：教育具有文化性，在进行知识教学的同时还要注重文化教学；教育具有时代性，教育在对学生进行基础教学时还应该兼顾时代特色的教学，在教学中渗透时代的观念；教育具有学术性，教育不是简单的知识拼接，还要注意知识间的联系，建立知识体系；教育具有阶段性，要根据进度阶段性地开展教学等。这一系列的教学要求增加了课程内容选择的难度，很难同时满足所有的教学需求，教学课程的选择只能寻求选择之间的平衡，如寻求基础化学和现代化学之间的平衡，寻求化学科学性、教育阶段性和相对性之间的平衡，寻求化学知识学习的理论性和化学应用实践中操作性之间的平衡等。

平衡体现的是教学课程的选择结果，在选择教学内容时，既要涉及基础知识，也要涉及当代化学发展的前沿知识；既要讲述理论方面的化学反应原理及化学基础规律，又要讲述如何将化学理论应用到化学实际，如何运用化学理论解决实际的操作问题；既要选择和化学知识息息相关的教学内容，也要考虑纳入社会中的化学应用实例；既要涉及化学家、教育家眼中的化学知识，也要涉及理论家、哲学家眼中的化学知识。

由此可见，高中教学课程内容的选择要主动平衡各种因素的影响，为了更好地满足学生发展的需要，课程的选择在尽力地维持各个因素之间的平衡。

（二）高中化学课程内容的生成

1. 高中化学课程内容生成的环境

教学课程的内容以文本内容为基础，在使用过程中，既可以使用文本的材料和思想，又必须根据文本课程的内容进行教学课程内容的表现和创新。在创新形成过程中，课程内容通过何种方式得到合理和完整的表达受到课程内容生成环境的影响。

（1）准备条件。课堂开始于上课铃声响起，学生坐到固定座位，高中化学教师走上讲台，这一切是在为课堂开始做准备，课堂开始并不是课程内容的开始，课程内容受到多个要素的影响，是一个整体、有具体意义的系统。课程内容作为整体，需要有开始理由和始发环境，通过开始理由和始发环境进行其他内容的延伸和拓展，最终实现课程要素的教学，达到课程内容全部发展的目的。

第一，学生对课堂做的积极准备。课堂铃声帮助学生在心理上做好了课堂开始的准备，但是这种准备更倾向纪律上的和心理上的准备。学生并没有开始对课堂内容进行思考，所以这种准备不是真正的课程准备。教学过程的展开需要化学教师和学生共同参与，教师主要负责课堂的引导，学生负责积极参与到课堂的活动中去。在一个课程开始之前，教师需要让学生完成从放松状态向学习状态的转变，学生需要一个载体，通过载体产生对课程内容的过渡和联想。与此同时，教师还可以通过其他方式加速这种上课状态的转变，引导学生快速集中注意力。

第二，对高中课程内容的发生做好环境准备。学习需要一定的动力，在动力的驱使下，学生可以快速进入学习状态，动力可以是目前还没解决的疑惑，也可以是学生在实际生活中遇到的困难，或者是社会发展中所需要解决的重点问题和难题。疑惑、困难、麻烦、难题都可以引起学生的兴趣，为学习提供动力，通过良好的环境准备带动学生进入化学课堂的学习状态。

（2）可持续发展。教学是一个可持续的过程，是在不断发展、不断创新的。之所以说教学是持续的过程，是因为教学内容是根据教学进度而不断变化的，课程内容不是固定于某个阶段、某个节点的固定知识。化学的课程教学以内容为具体的教学依据，内容是教学的内在联系。课程内容受到教学时机的影响，随着教学课程的深入，内容也在不断地发展变化。高中教学是通过环境塑造维持内容发展的教学活动，教学活动总体上是点、线、面之间的变化过程。变化既可以是从点到线到面的扩展，也可以是从面到点的回归。

（3）交互性活动。任何教育事实要在教学实践中展现出来并达到一定的教育作用，除了其自身蕴含一定的教育价值之外，关键就是看他们是如何被带入或引进教育场景之中的。化学课程内容也不例外，其产生、发展所借助的教育方法和手段成为化学教学过程中必须予以充分考虑的问题。

2.高中化学课程内容生成的方式

（1）问题引领。通过提出化学问题引领课程教学内容的生成。一般情况下，问题的生成会经历提出问题、假设问题、解决问题、对问题进行总结归纳4个步骤。在解决问题的过程中，存在一个问题有多种解决办法的情况，也存在解决问题的过程中产生新的问题需要解决的情况。

（2）聚焦知识。每一个化学知识的形成和发展都经历了漫长的研究和不懈的追求与探索，一旦形成的知识体现在化学学科体系中，尤其是该化学知识成为化学学科结构的组成部分时，该知识的研究历史和探索过程往往被淡忘了。化学学科教育和化学的科学发展不同，学科教育更加强调学科的发展过程。也即，学科教育会对知识的历史进行讲解，会讲述知识的生产过程，帮助学生更好地理解和体验知识，这些操作都以知识为中心，所以化学的教学课程的完成是以知识为中心的，整体内容的形成也是在对知识点的不断精细化过程中实现的。

（3）现象透视。化学学科研究的是自然界的现象、微观物质世界及宏观物质世界，也就是化学的研究是以物质为基础的。化学研究不能脱离物质，所以化学教师需要引导学生注重观察、研究物质。物质是化学学习的基础，在化学课程中受到文本的限制，经常采用语言描述物质、物质的性质、物质的特点以及物质具备的变化规律等。但是语言再丰富、再华丽也没有物质本身真实和形象，虽然化学教师在讲述化学物质时，使用丰富的语言，带动整个课堂的气氛，提升学生的学习兴趣。在学习化学的过程中需要对物质进行细致的观察，化学学科的学习观察有一定的顺序，可能是先提出假设后进行观察，也可能是先进行观察后提出假设，还有可能是在假设的指导下进行观察，但是无论哪种情况，观察都是化学学习的基础。观察的意义是对化学现象的具体观察和具体分析，并且在分析的基础上应用所学的化学方法和思维做出适当的推理。观察包含了学习方法的掌握，也包含了学习内容的掌握，观察透视现象是化学教学中一种重要的方式。

二、高中化学的课程资源

（一）高中化学课程资源的类型划分

化学课程资源是实现化学课程目标的基础。任何课程要想获得理想的结果，都需要有资源课程作保障。高中化学课程资源的分类可以包括以下 3 个方面。

1. 依据课程资源的物理特性与呈现方式不同划分

依据物理特性与呈现方式的不同，化学课程资源可分为文字资源和信息化资源。

（1）文字资源。随着文字的产生、纸张和印刷术的发明，文字记录着人们的思想，保存着人类的文化，延续着人类的文明；随着学校课程的产生，文字资源就是课程资源的核心，以教材为主的印刷品传递着人类的智慧。所以，直到目前，文字资源仍然是最重要的课程资源。

（2）信息化资源。随着人类文明的进步和社会的飞速发展，尤其是 5G 网络的出现，以计算机网络为代表的信息化资源开始出现，它以信息容量大、智能化、虚拟化、网络化和多媒体等特点成为其他课程资源无法替代的巨大资源宝库，也是化学课程资源开发利用、交流分享的重要平台。

2.依据课程资源的空间分布不同划分

依据课程资源的空间分布不同，化学课程资源可分为校内课程资源和校外课程资源。

（1）校内课程资源。校内课程资源是学校范围之内的课程资源，包括校内的各种硬件与设施资源，如图书馆、实验室、多功能教室、信息中心、校内工厂等，还包括各种知识资源、人力资源和活动资源。校内各种人力资源可综合作用形成校内人文资源，如校内各种学生团体、校风校纪、校容校貌、师生关系等。教学活动资源，如各种兴趣小组、座谈讨论等。校内课程资源是实现化学课程目标、促进学生全面发展的最基本也是最便利的资源。

（2）校外课程资源。校外课程资源包括学生家庭、社区乃至整个社会中各种可用于化学教育教学活动的设施和条件以及丰富的自然资源。其中，各地市的博物馆、图书馆、科技馆、青少年活动中心、化工厂、污水处理厂等都是宝贵的课程资源。学校是整个社会的组成单元之一，课程教学就不可能孤立在社会大环境之外，所以，校外课程资源正好弥补校内课程资源的不足。校外课程资源的开发与利用也为转变教育教学方式、适应新课程要求提供了有力的支持和保证。

3.依据课程资源的功能特点不同划分

依据课程资源的功能特点不同，化学课程资源可分为素材性课程资源和条件性课程资源。

（1）素材性课程资源。素材性课程资源的特点是作用于课程，并且能够成为课程的素材和来源，是学生学习和收获的对象，包括知识、技能、经验、活动方式方法、情感态度与价值观等各个方面的因素。最常见的素材性课程资源有化学教科书、教辅资料、报纸杂志、音像资料等。

（2）条件性课程资源。条件性课程资源的特点是作用于课程却不是形成课程本身的直接来源，但它在很大程度上制约着课程实施范围和水平，通常包括与课程相关的各种人力、物力、财力、场地、时间、媒介、设备、设施、环境及对课程的认识状况等因素。

（二）高中化学课程资源的开发利用

充分开发和利用化学课程资源，有利于丰富化学课程内容，促进学生主动学习。在高中化学课程改革的实践中，学校、教师都应努力开发和利用各种化学课程资源。

1.树立正确的化学课程资源观

以往的传统教学受到资源的限制，教师的授课主要依赖教材，但是随着时代的发展，如今网络上具有更为丰富的化学教学资源，教材不再是教师讲课的唯一资源，并且化学课程的教学在不断地改革，教师不仅是知识的传播者还是课程的组织者、促进者以及资源的开发者。教师在高中化学课程教学中占据重要的地位，所以化学教师应该树立正确的化学课程资源观念。

高中化学课程的开展需要教师进行指导，选择课程、开发课程、决策课程，为了更好地实现化学课程的教学。首先，教师应该以化学课程需要为重点，挖掘相关的课程资源，并结合学校特点进行教学，这种教学方式可以丰富学习内容，教师作为课程资源的选择决定者，也是教学资源；其次，学生是教学的重要资源，学生是教师开展教学的基础，教师在进行教学内容的传授时，应该注意分析学生的知识框架；最后，教师之间的合作和资源分享有助于从整体上提高化学的教学水平。

2. 强化重视化学的生成性资源

化学生成性资源是产生于教学过程中的相关教学因素和条件。具体来说，教师可以分析教学进度、学生在课堂上的整体表现，根据学生的接受情况改变教学策略。化学的生成性资源具有不确定性、潜在性、针对性的特点。

在高中化学教学过程中，有很多的生成性资源，主要包括学生提出的问题、学生对教学的感受、教师在教学过程中的失误等，这些生成性资源具有生动性、真实性的特点，对教学有巨大的价值，如果教师能够注重生成性资源，并且对生成性资源进行开发和利用，化学的课程教学便能更加有针对性，真正提高化学的教学效果。生成性资源也可以扩大化学资源的范围，为化学课堂带来生机。

3. 开发利用化学的实验室资源

（1）化学实验室资源的开发可以从现有实验室入手，化学中的很多知识都是通过实验获得的。很多结论也需要通过实验得出，所以，为了化学课程的有效开展，学校应该开放现有的实验室，让学生自己动手做实验。实际的实验操作可以帮助学生提高化学学习水平。除此之外，学生在化学实验室除了可以进行课本上的实验之外，还可以自由选择实验器材、自主收集实验的数据、分析数据总结规律。学生对实验仪器、实验设备、实验模型的实际动手操作，对学生化学学习水平的提高有重要的促进作用。

（2）化学实验室资源的开发可以依赖于网络虚拟的实验平台，网络上虚拟的实验平台为学生和教师提供虚拟实验服务。虚拟平台包括实验和教学平台，实验平台又可以进行虚拟实验，教师和学生可以自由选择实验器材，自主选择实验所需物质进行实验操作，如果有典型的实验操作可以由教师进行整体的设计，并且要求学生完成。虚拟平台可以为学生的实验创新提供有效的支持，这是虚拟平台的一大优势。

另外，高中化学课程资源的开发和利用不仅限于以上所述的方式，在今后的工作中应不断实践、加强交流，推动化学课程资源的开发和利用。

第二章　高中化学教学的设计方法

第一节　高中化学教学目标体系与设计

一、高中化学教学的目标体系

"化学学科的实践性较强，属于高中阶段较为重要的学科之一"[①]，高中化学课程目标规定了学生在整个高中阶段，通过化学学科的学习应该达到的发展目标。教学目标则要规定学生在指定的教学过程中需要学习的内容和要达到的学习要求。

（一）高中化学教学目标的依据

教育目标分类理论从设计教学和评价教学的角度，提出了将教学活动的目标分为三个领域：认知领域的教学目标、情感领域的教学目标、技能领域的教学目标。教育目标分类理论，在包括我国在内的世界众多国家中被广泛应用，也是当前我国进行教学目标设计的重要理论依据。

1. 教学目标的制定

教师教学活动的核心是明确教学目标，只有明确了教学目标才能明确课堂的方向，才能直观地判断教学的效果。另外，如果没有管理和评价实际的教学课堂，那么也就不存在指导意义。规范化的教学目标的因素包括行为动词、行为主体、表现程度和行为条件。

行为动词在教学目标中的表现必须是可评价的、具体的、可测量的。例如，教师在设计学习元素周期表的课堂教学目标时，写的教学目标是培养学生的辩证唯物主义思想和提高学生的能力，这样编写主体是不正确的，并且没有具体的行为动词判断学生的思想和能力有多少提高。

行为主体始终都是学生。因为学生是学习的主体，只有通过学生的学习程度才能判断教学效果的好坏，并不是通过教师任务完成程度来判断。有一部分不规范的写法——"拓宽学生知识面""加强学生自主意识"等，依旧将教师作为教学的行为目标主体，强调教师如何实现学习效益，而不是把重点放在学生身上。

表现程度是用来测量和评价学生学习表现或结果最终达到的程度，是学生学习之后

---

① 杨士强. 高中化学教学过程中培养学生化学思想的探讨 [J]. 科普童话，2023（16）：64-66.

预计能够达到的最低表现水平，目标的确立不应该设置不切实际的要求，目标表述的教学标准是基本的、共同的、可达到的，要达到的程度也应该是基本的、共同的、可达到的。

行为条件是评价教学效果的参考依据，是指影响学生形成学习结果所需要的特定条件或范围。例如，在一定的时间内，完成几道容易的酸碱溶液 pH 计算题；通过特定的化学环境判断是如何发生化学反应等。

2. 教学目标的设计

高中化学的课时教学目标具体作用到每一堂课。课时目标就是将教学内容分单元地进行分解和设计。教学的每一部分内容都是有具体教学标准的，这也是由课时目标设定的。课时目标是教师教学目标设计过程中的重点，是用来明确教学核心内容、教学水平和基本过程的。

在具体的教学设计中，教学目标的维度和核心线索非常重要，要与课程的具体目标、单元目标以及学习阶段保持一致；另外，与单元目标相比，课堂教学的设计更加明确和具体，这会使教学设计中的"情感态度和价值观"更具活力。除此之外，还需要加强对活动信息和活动过程的反映，从而让学生能够更准确地根据自身的学习水平进行有效的学习。

第一，"知识与技能"目标的确定需要把握好所处位置及其与前后内容之间的关系。概念是有阶段地形成的，知识和技能是有发展性的，具体的化学元素知识和理论知识之间是相互联系的，实验的技能发展由低到高。当确定好具体的教学目标时，应该把握好知识和技能所处的具体课程位置，与前后内容巧妙衔接，由此更加明确课堂的知识与技能目标。

第二，"过程与方法"目标的确定需要充分考虑学生的科学探究能力达到的阶段。不同的发展阶段，所展现出的探索能力也不同，通过不断增加科学体验，学生探究科学的能力也会不断增强，能够帮助学生树立问题意识和提高实验能力。

第三，"情感态度与价值观"目标的确定需要把握好内容的深浅程度。当学生还处于初级探索阶段时，需要学生加强实际操作的技能，如果只是简单地让学生自己完成实验的探究是没有太大实际效果的。所以，在设置情感态度与价值观目标时，应该着重保持和增强学生探索的欲望。比如，在实验探究氮、铵盐、硝酸的性质时，引导学生体验科学探究的基本过程，然后根据实验现象提出问题，再进行讨论、分析、判断、推理和总结，让学生能够真正融入其中，体验实验探究和获取知识的快乐。

第四，反思和调整具体的课堂教学目标设计。在设计课堂教学目标时，教师的教学过程设计和学生的学习过程设计是在前面的，这就导致教学目标的设计变得更加主观和意识流，也正是因为课前并没有实际展现教学目标，所以在教学实践的过程中，教师通过察觉教学反映判断教学目标的适应度，进而对教学偏差进行调整，使教师的教学目标和实际课堂更加贴合。

总而言之，教学目标的设计，一定要尽量避免以下倾向：一是过分追求知识目标的内容，而缺少行为和活动的具体表现；二是能够明确实验基本操作技能目标和化学计算技能目标，但是忽视了其他能力的培养，即使有注意到培养其他能力，但大多比较笼统和模糊。三是对培养探究能力的目标缺少实际操作，只是简单地喊口号和贴标签，没有将学生的学习水平与实际能力培养进行有机融合，没有做到准确地设定教学目标，针对性的能力培养和意识培养更是少之又少。在能力培养的过程中，过分强调自然养成，而忽视了有计划的培养方式。四是在设计教学目标时，学段教学目标、单元教学目标和具体课时教学目标之间缺少有意识的教学设计，这三种教学目标在内容上应该依次更加具体化、可操作化、活动过程化，在设计教学目标时，应该体现学习要求和学习水平的阶段性和发展性。

（二）高中化学教学目标的功能

1. 指向功能

化学教学目标是化学教学活动的预期结果，它指引着化学教学活动的方向，规定着化学教学活动的进程，在一定意义上制约着化学教学设计的方向。如果缺乏清晰的教学目标，化学教学将会失去方向。化学教学目标指向功能的发挥，可以保证化学教学目标的顺利实现。一般而言，若化学教学目标指向正确，则可取得正向教学效果；化学教学目标指向错误，则只能取得负向教学效果。因此，教师应该把确定正确、合理的教学目标作为教学设计的首要环节。

2. 依据功能

化学教学目标可以为分析化学教材及设计学生行为提供依据。化学教师一方面根据教育和教学的一般目的确定化学学科中各单元和各课时的教学目标；另一方面又根据这些教学目标设计化学教学活动。化学教学目标不但制约着化学教学设计的方针，而且决定着化学教学的具体步骤、方法和组织形式。因此，它不仅是化学教学活动的科学性、整体性和连贯性的重要依据，也是化学教师对化学教学活动全过程进行自觉控制的重要依据。

3. 激励功能

适当展示化学教学目标，可以激励学生学习化学的积极性。化学教学目标是激发学生学习化学动机的诱因，在化学教学开始前，就向学生明确地展示具体的化学教学目标，能激发学生对学习新内容的期待和达到学习目标的欲望，从而调动学生学习化学的积极性和主动性。当学生充分了解了他们预期所要取得的学习成果时，他们就会明确成就的性质，进行目标清晰的成就活动，对自己的行为结果作成就归因，并最终取得认知、自我提高或获得赞许的喜悦，使教学目标产生出应有的激励功能。但化学教学目标激励功能的发挥，也取决于其价值是否被学生认同，以及其难易程度是否适中。因此，化学教师编制和展示化学教学目标时要尽量注意二者兼顾，以保证化学教学目标发挥出激励学生学习的最大功能。

4. 描述功能

化学教学目标通过描述学生具体的行为表现，为化学教学评价提供科学的参照。传统的化学教学大纲所提出的化学教学目标往往含糊其词，使化学教师无法准确地把握客观、具体的评价标准，作出评价选择的随意性很大，教学中关于能力和个性特征等高层次的目标既无法落实更无法评价。因此，在化学学科各单元和各课时的教学中，要充分发挥化学教学目标的描述功能，全面、具体和形象地描述学生的行为表现，以保障化学教学有章可循、测评有信度、效度及试题有难度和区分度，使化学教学评价有科学的参照。

5. 评价功能

化学教师编制的化学教学目标，既是化学教学活动的指南，也是测评化学教学效果的尺度。化学教学效果的检测和评价，是围绕化学教学目标展开的。教学双方在化学教学中是否发挥了应有的作用，教学效果是否达到或在何种程度上达到了既定目标，都是化学教学评价所关注的主要内容。当然，化学教学目标只有确定得比较合理，才能减少其评价的偏差，使测评的信度、效度都较高。化学教学目标评价功能的发挥，一方面，为化学教学效果的检测和评价提供了尺度；另一方面，也为化学教学目标的编制和修订做出了反馈。在化学教学过程中，化学教师应根据教学评价的结果不断地调整教学的方式方法，有了明确的化学教学目标就可以以此为标准，在化学教学过程中充分发挥评价和反馈的作用，从而提高化学教学质量。

二、高中化学教学的设计分析

（一）高中化学教学设计的内容

1. 课堂教学设计

高中化学课堂教学设计是化学教师为有效地完成课堂教学任务而进行的教学规划。化学课堂教学设计应该是以教学理论、教育心理学和传播学理论为基础，用系统科学的观点和方法来分析化学课堂教学任务，确定化学课堂教学目标，选择化学教学活动、化学教学策略、化学教学媒体以及评价化学教学结果的方法等。因此，化学课堂教学设计主要体现在化学课堂教学目标、教学活动、教学策略、教学媒体和教学评价等对象的选取上。由于化学课堂教学是化学教学最基本的形式，故化学教师要针对化学课堂教学设计的主要对象，精心设计课堂教学的每个环节，以便获得最佳的教学效果。

化学课堂教学设计的过程是化学教师以系统科学的观点和方法为依据，在研究学生身心及相关理论基础上，根据化学课堂教学的目的和要求，确定具体的教学活动、相应的教学策略，选择需要的教学资源，安排教学程序和方法，按照教学内容选择教学媒体，有效地传递和转换教学信息，通过反馈调节，评价教学效果等一系列的教学环节，使化学课堂教学效果达到最优化。

化学课堂教学设计是化学教师为达到预期的化学教学目标而对教学活动进行系统规划、安排、决策的过程，是优化课堂教学程序、提高课堂教学效率、落实素质教育的重要环节。

（1）化学课堂教学设计的要求。化学课堂教学设计的要求主要体现在以下四个方面。

第一，充分了解教学现状。化学课堂教学起点的选择是很重要的，它直接关系到化学课堂教学效果的优劣，而恰当的课堂教学起点的确定有赖于对化学教学现状的充分了解。化学教学现状包括：学生的认知水平状况、学习态度和背景知识状况；教材内容深浅、范围状况；可以参照的教育心理学和传播理论的状况等。只有认真分析、了解学生的情况，掌握他们在化学方面的一般特征和初始能力，把握化学教材内容的难易、质量和数量以及相应的教育心理学及传播理论的基本原理，才能做到胸中有数、因材施教，这些是做好化学课堂教学设计的基础。

第二，适度确定教学目标。化学课堂教学目标是师生通过教与学的活动所需要实现的学生行为的变化（涉及认知、技能、情感、态度、品格等各方面），这种行为变化以教学完成时学生应达到的学习水平为标志。通常，化学课堂教学目标可以用课堂教学活动中的可观察、可测定的行为术语精确地表达出来，要指明学习者应该掌握哪些知识和技能，培养何种态度和情感。同时，也要尽可能地表明学习者内部心理的变化。由于化学课堂教学目标是化学课堂教学的出发点和归宿，因此化学教学目标的设计，是完成整个化学课堂教学设计的重要任务。在确立化学课堂教学目标时，既要考虑到课堂教学的需要，又要考虑到实际实现的可能；既要考虑到近期要求，又要考虑到长远要求；同时，还要注意到目标的层次性和阶段性。只有合理、适度的化学课堂教学目标，才能使其切合教学双方的实际，真正起到对化学课堂教学的指向、激励和评价作用。

第三，有效安排教学过程。化学课堂教学过程是为达到化学课堂教学设计目标所采用的各种教学手段与途径的配合与展开。安排化学教学过程是在针对特定的化学课堂教学目标所采用的教学活动、教学策略和教学媒体等的选择与使用上的总体考虑。化学课堂教学过程的安排，要兼顾控制和协调、教和学两个方面的各种因素，因而它有全局性、联系性和动态性的特点。化学课堂教学过程中任何一个环节出现问题，必将影响化学课堂教学的整体效果。因此，在安排化学课堂教学过程时，教师既要审时度势，把握全局，又要灵活方便，统筹规划，照顾个别，自始至终贯彻"教为学服务"的思想，最大限度地调动学生参与的积极性、思维的积极性和学习的主动性，取得最佳教学效果。

第四，及时运用反馈信息。在化学课堂教学过程中，师生之间的相互作用、相互影响和相互制约，发生在教与学的活动交往中，也就是化学信息的传输和反馈控制之中。因为化学信息（知识）通常以静态形式存储，教师只有通过一定的教学手段，把信息转换成传输状态，才能被学生所接收，只有随着化学教学进程的反馈控制及随时调整的不断进行，才能使化学课堂教学达到预期的教学目标。既然化学课堂教学的功能是通过化学信息的传输和反馈控制来实现的，化学教师就应该及时利用反馈信息形成化学课堂教学评价、完成对化学课堂教学的正确调控，这是化学课堂教学设计的基本要求。关于教学评价设计的各种形式，如诊断性评价、形成性评价、终结性评价的设计，都应该为了解化学课堂教学目标是否达到、达到程度如何而服务，并作为随时调整化学课堂教学的依据。

（2）化学课堂教学设计的原则。

首先，化学课堂教学设计原则确立的依据。

化学课堂教学设计的原则，是进行化学课堂教学设计所依据的准则。要确立正确的课堂教学原则，必须认真探求这一原则确立的依据：只有真正把握确立课堂教学设计原则的本质依据、理论依据和指向依据，才能在全面、系统的课堂教学设计中找到正确的方向。

第一，化学课堂教学设计原则确立的本质依据。探究化学课堂教学设计原则，应先明确这一原则具有的本质规定性。化学课堂教学设计原则是反映化学教学设计规律、指导化学教学设计活动的法则和标准。这种本质的规定性确定了化学课堂教学设计原则建立的原始动因，是要将围绕化学课堂教学设计的一切活动都规范在以化学课堂教学能够有效进行为中心的范畴之中。

第二，化学课堂教学设计原则确立的理论依据。化学课堂教学设计所依据的理论是系统科学和教育心理学在教学领域中的具体应用。因此，确立课堂教学设计原则，必须遵循系统科学和教育心理学的基本原理和方法。课堂教学设计本身就是一个完整的系统，作为其本质的课堂教学设计原则，应该反映教学设计系统的整体性这一显著特点，只有反映这一特点，遵循教育心理学规律的原则，才会对教学设计产生普遍的指导意义。

第三，化学课堂教学设计原则确立的指向依据。按照事物存在的客观性和联系性，要正确地确立化学课堂教学设计原则，应该把握其适用对象及范围，这样所确立的原则才会有明确的指向。化学课堂教学设计的原则是在化学课堂教学设计的实践中应运而生的，从而成为化学课堂教学设计的准则和依据。因此，能够针对课堂教学的对象和范围进行化学课堂教学设计实践，是构成化学课堂教学设计原则的重要依据。由此可见，化学课堂教学设计原则既适用于化学课堂教学的整体设计，也适用于其整体设计中的分设计，对化学课堂教学设计各基本要素都具有指导作用，并且对各要素相互关系也具有规范和协调功能，始终能把多种要素紧固成一个有机的整体。

其次，化学课堂教学设计应遵循的原则。

为了保证化学课堂教学设计的系统性、科学性和一致性，既遵循化学课堂教学的规律，又符合学生的学习特点，化学课堂教学设计应遵循下列原则。

第一，目标性与可行性相统一的原则。由于化学课堂教学设计是在教师熟悉化学教学大纲、把握化学教材内容及各个知识点的基础上，得出的化学课堂教学的具体目标要求，所以每堂化学课的教学活动，都应该围绕所设计的化学课堂教学目标而开展，以便完成化学课堂教学任务。课堂教学目标，不仅要考虑知识、能力达到的程度，还要加强思想品德的教育和非智力因素的培养，努力使学生在知识、能力、思想、心理等各方面都得到全面协调的发展。然而，化学课堂教学设计是依据有关教学理论对化学教学实践所做的规划，这种规划要成为现实，至少必须具备两个可行性条件：一是要符合主客观条件，如主观条件应考虑学生的年龄特点、认知水平、知识结构和师资水平，客观条件应考虑教学设备、地区差异等诸因素；二是要具有操作性。只有当这两个基本条件都具备，化学课堂教学设计方案的实施才能达到预期目的，使课堂教学设计对教师和学生来讲都是行之有效的。因此，化学课堂教学设计要遵循目标性和可行性相统一的原则。

第二，系统性与针对性相结合的原则。化学课堂教学设计是一项系统工程，它由化学课堂教学目标设计、教学活动设计、教学策略设计、教学媒体设计和教学评价设计等子系统所组成，各子系统既相对独立，又相互制约，共同组成一个有机的整体。各个子系统的功能并不是等价的，其中教学目标设计就制约其他子系统的作用，因为确立适当的教学目标在整个教学设计系统中起着"纲举目张"的功效。因此，这些设计应立足于整体，使每个子系统协调存在于整个教学设计系统中，以便最终达到课堂教学系统的整体优化。进行化学课堂教学设计，应遵循系统论的观点，统筹兼顾各个子系统，只有将各个子系统和谐地统一在总体中，才能算是成功的设计。

第三，整体性与集中性相协调的原则。化学课堂教学设计应注意的整体性表明化学教师应把握化学知识结构体系，认真分析每节课中的知识在整个知识体系中的地位和作用，尽量使知识结构整体呈现，而化学课堂教学设计应注意的集中性则表明课堂教学的时限性和教学信息的多维性，要求教学内容要集中，教师在钻研教材的基础上，要把握教学内容中重点的、主要的、本质的东西，把有限的教学时间集中在最核心的教学任务上。这就要求化学教师在设计化学课堂教学时，既要照顾到知识传授和能力培养在空间上的整体性，又要照顾到它们在时间上的集中性，协调好整体性和集中性之间的关系。

第四，理论性与实践性相依存的原则。化学课堂教学设计要以先进的、科学的和可靠的教育心理理论、传播科学理论为基础，制定切实可行的操作步骤和实践方案。没有先进的、科学的和可靠的教育心理理论和传播科学理论来规范化学课堂教学实践，很难达到提高化学课堂教学质量的目的。可见，化学课堂教学设计的理论性和实践性是相互依存的，在实施过程中，应该做到在理论性和实践性两个方面同时兼顾。

第五，主体性与主导性相一致的原则。化学课堂教学设计应始终坚持以学生为主体，以教师为主导的思想，要体现出教师对学生思想的启发性。教师要以学生为学习的主体，始终把启发思想贯穿于教学设计的整个过程，要求学生独立思考，提高学生分析问题和解决问题的能力。表现在学法设计上，要体现出教师对学生学习的指导性。教师不仅要把学生当作教育对象，还要当作研究对象，研究学生的学习规律，指导学生掌握化学课堂教学所传递的信息的方法，掌握预习、听课、笔记、作业、总结学习过程等方法以及掌握自我心理调节方法等。

第六，传统教学手段与现代教学手段相结合的原则。传统化学课堂教学手段与现代化学课堂教学手段相结合是指两种手段的优化组合。例如：利用黑板这一传统教学手段精心设计的板书，其本身就是课堂教学的纲要和轮廓，它能突出教材的重点、难点，帮助学生厘清教材的脉络，打开学生思路，而且便于学生记笔记，为课后复习提供条件；而采用投影这一现代教学手段作教学演示，在揭示和阐明教学中的重点和难点方面，为教师和学生提供了更加充裕的时间，便于教师讲解、学生观察和分析思考；录像这一现代教学手段，则以其声形并茂的特点，将所讲的对象，在大与小、快与慢、虚与实之间互相转化，使教学内容涉及的事物、现象、过程全部再现于课堂；至于多媒体教学手段的应用，其突出优点则更是不言而喻。总而言之，传统教学手段与现代教学手段结合在一起后，能发挥出更好的教学效果。

第七，适时、适度评价与反馈的原则。化学课堂教学所设计的评价要做到适时是指要把握好评价的时机。如诊断性评价，一般安排在课堂教学前进行，借助上节课形成性评价和终结性评价的结果，使教学设计方案更加趋于合理和恰当；形成性评价一般在课堂教学中进行；终结性评价一般在课堂教学后进行。化学课堂教学设计的评价要做到适度是指要把握好评价的分寸。因为学生之间的个性差异是客观存在的，他们的知识基础、认识能力、意识倾向、兴趣爱好、学习态度都不尽相同，教师应根据学生不同的情况确定不同层次的评价标准，对涉及教学目标的各个领域和层次进行评价。这可以由教师、学生共同来实施，通过目标测试题、作业练习、谈话或者提问来考察。

当然，对要达到的课堂教学目的和要求应该指向明确，对识记、理解、运用、分析、归纳、综合等行为要求要有具体的检测内容和明确的评定标准和依据，具备可测性。同时，要将评价结果适时、适度地反馈给学生，当学生在学习上取得新的成绩时应给予肯定的评价，让学生体验成功的欢乐；对学生学习上受到的挫折，应给予积极的鼓励，对他们非智力因素方面的优点进行评价，重拾他们学习的信心。

2.教学活动设计

（1）化学教学活动设计的要求。

化学教学活动是化学教师传授化学知识与学生接受化学知识两方面活动的总称，它包括教师的施教活动、学生的学习活动和师生构建课堂人际关系的活动等。化学教学活动是教师进行教学的科学和艺术创造的具体过程，是学生知识结构和心理结构的构建过程，是化学教学设计的关键环节，关系着化学教学目标能否实现、教学任务能否完成以及两者实现和完成的程度、质量和效率。

化学教学活动设计是依据化学教学目标及化学教材内容构建新的化学知识和心理结构，使学生原有的知识和心理状态向化学教学目标所要求的状态发生改变的规划过程。在进行化学教学活动设计时，应注意以下几个方面。

第一，协调师生活动。注意学习活动的设计以及教与学的协调。教师应该在深入了解学生的基础上作心理角色置换，设身处地为学生着想，审视教学活动设计并做出相应的调整。教师是化学教学活动中教的主体，学生是化学教学活动中学的主体。教学活动设计中不主动安排协调师生的活动，会使教学活动变成单方面的施教活动，导致施教活动与学习活动不能系统开展而影响教学效果。因此，应在进行化学教学活动设计时，充分认识和体现学生在学习中的主体性，正视发挥教、学双方的主动性、积极性和重要性。教的主动性应该体现在主动的认识和探讨学生学习的规律性，深入了解学生状况，努力引导学生主动和积极地学习。学的主动性应体现在既不是被动地参与，也不是无理由地盲目接受，而是在接受指导和掌握学习规律的过程中，逐步进行自我调控学习活动能力的培养。

第二，科学性与艺术性的统一。化学教学活动的科学性主要表现在自觉地运用教学规律作指导、遵循化学的科学规律和化学教学的原则。教学活动的艺术性主要表现在教学活动的和谐性、巧妙性和新颖性，能通过有限的活动及其内容完成多项教学任务，达到多项教学目标，能激起学生积极的情感共鸣，产生美的感受，得到美的满足。所设计的化学教学活动既要以科学性为前提，以化学教学规律为基础，又要按照美的规律设计教学活动，积极地进行教学艺术创作，使化学教学活动生动活泼、富于审美情趣，又不失其严密的逻辑性和系统性。

第三，建立工作规范。根据化学教学活动的具体规律，建立相应的工作规范。例如：在设计教学的讲授活动时，要考虑学生此时是以听为主，还是以思考为主，或以笔记为主；如何使学生听得清楚、有兴趣、愿意听，能保持注意、不易疲劳；如何引导学生的思维活动，使他们顺利地理解教学内容及其结构和掌握重点；如何使学生产生预期的情感，达到情感教育目的；如何用板书、表情、手势和其他辅助行为配合，增强讲授的效果；如何有利于学生记笔记，指导他们协调各种思维活动；如何根据学生可能的信息反馈进行机动的应变调整以及如何引导学生进行探究活动等。根据这些教学具体活动上的考虑，建立一系列的设计工作规范，以使整个化学教学活动设计规范化。

第四，注意活动的适度多样性。化学教学活动是多类型、多层次活动的组合，为了完成特定的化学教学任务，可以采取多种不同的活动方式。教学活动的多样化不但能使学生始终保持兴趣和热情，而且能提高学习的效率，陶冶情操，促进智力和心理能力协调发展。但是，教学活动种类过于复杂、更换过于频繁，也会增加学生的学习困难，使他们过早地感到疲劳，分散注意力而影响到学习效率。教师在设计化学教学活动时，要从教学内容的实际需要、学习者的心理特点和智力的发展水平出发，处理好教学活动的多样性和适度性的关系。

第五，突出化学学科特点。作为化学学科的教学活动，化学教学活动应该突出化学学科特点，把握化学学科中固有的认识规律和教学规律。化学教师要真实、具体、细致地了解化学认识过程。化学知识体系和化学科学规律，包括注意化学语言和化学科学方法的应用，注意化学思维活动、化学实验活动的开展以及它们的相互配合，使所设计的化学教学活动始终具有化学学科的鲜明特点，为化学教学的各种既定目标服务。

第六，注重工作的实际效果。化学教学活动设计是对在教学过程中将要进行的具体活动的预先构想，比教学策略更具体。化学教学活动设计要特别注意从实际出发讲求实效，从教学经验的积累和概括化过程中提取出来的优秀范例，与教学实际紧密结合，是教师进行化学教学设计的重要参考。同时，化学教学活动总是需要一定的外部条件，总是在一定的环境中进行，要注意这些条件与环境的协调，在涉及化学教学活动时要充分利用环境中的积极因素和有利条件来设计化学教学，使所做工作产生实际的效果。

（2）化学教学活动设计的步骤。

第一，明确化学教学活动的要素。与一般活动的要素一致，化学教学活动同样具有自己的主体、客体和媒体，自己的内容、形式和结构，以及自己的目的、过程和结果。化学教师在进行化学教学活动设计时，首先就要明确化学教学活动的各个要素。

化学教学活动中存在复杂的主客体关系。从教师的教学来看，教师是教育者，作用于受教育者，教师是主体。从学生的学习来看，学生是通过教师、教材来认识世界，因而学生是主体，教师是客体。因此，教学活动中的主客体关系，先是双主体并存，且互为客体。教师这个主体的特征是"主导"作用，要起到"主导"作用，必然要对主导的对象——学生（此时是客体）有一个全面、深刻的了解；学生这个主体的特征是"主动"作用，主动便是充分发挥自身的积极性，参与教学活动，其"主动"作用在很大程度上是教师"导"出来的（此时教师充当了学生这个主体认识的客观对象）。除此之外，双主体有着共同的认识客体，即教学环境中的一些因素，包括物理环境、教材内容、辅助材料和教学工具等因素。

教师发挥主体作用，应该对化学教材、教学媒体，特别是其主导作用的对象——学生有全面深刻的理解，从而扎实地参与到化学教学之中；学生发挥主体作用，应该对化学教材等因素有一定程度的认识，为了达到与教师的沟通，应该把接受教学后的反馈信息传递给教师，从而参与到教学中。

化学教学活动的主要内容为：化学教学活动的情景设置；对学生进行学习活动的导向；学生学习化学兴趣的形成与激发；化学课程的进程展开；化学教学材料的呈现；学生

感知、理解和记忆等思维活动的进行与引导；学生情感体验和行为习惯的形成；学生学习内容的整合和巩固；练习、测评和反馈等。化学教学活动一般表现为教师的讲授、提问、演示等配合学生的听讲、答问、观察等，学生的思考、练习、讨论等配合教师的质疑、讲评、答疑等。化学教学活动的组织形式为课堂教学，辅以课外活动、个别辅导、家庭作业等。化学教学活动的目的是向学生传授现代化学知识，培养学生化学思维和化学能力，构建学生的化学知识结构和心理结构，陶冶美好的情操和形成正确的行为习惯等。化学教学活动的过程应该体现出教、学双方的主动性、积极性和互动性，体现出教学的程序性和多样性，其结果是要达到化学教学目标所要求的各项指标。

第二，优选化学教学方法。化学教学活动内容是进行化学能力训练的素材和载体，组织化学教学活动的内容是指围绕化学课堂教学目标考虑化学教学内容的各项安排、优选教学方法和教学媒体，进行教学过程的编制等。通常编写的化学教材内容已经具有严密的逻辑性和系统性，可以按照教材的编制顺序进行教学组织工作。也可以根据实际情况，教材的原有顺序，重新安排教学内容。组织化学教材时要注意逻辑系统并且要求突出重点；注意启发学生的积极性和培养学生的逻辑思维；注意联系学生已有知识；注意突破难点。优选化学教学方法时，应该仔细比较已有方法的优劣，优先采用哪些理论与实际结合紧密的方法，注意教学媒体采用上的适时适度原则，做到既发挥教学媒体在课堂教学中的高效率，又避免对教学媒体的过度依赖和学生被动心理的形成。

第三，编排化学教学活动顺序。编排化学教学活动顺序是化学教学活动设计的重点，其主要任务在于确定化学教学活动中工作的进程。首先，要确定化学教学活动的工作步骤；其次，确定各个步骤中的工作内容与方式方法；最后，还要确定各个工作步骤的时间顺序。化学教学活动顺序的制定应该是依据化学教学目标及化学教材，进一步确定教学活动中教学双方工作进程的时态系列，从而引导师生双方在不同的教学时间内去完成既定的教学任务。化学教学活动顺序的编排在于规范化学教学活动中学生心理结构的构建过程，因而化学教学活动的步骤、内容、方式、方法及时序均要遵循所要构建的学生心理结构的本性及其形成、发展的学习规律。知识、技能与社会规范的接受，虽有共同的规律，但也有自身的特殊性。因此，应该结合化学学科的特点编排化学教学活动的顺序，区别对待以知识、技能和社会规范为主的课题内容，按照各自的教学规律进行优化教学，教师在长期教学工作中总结出来的许多行之有效的教学经验和原则，可以在教学活动顺序的编排中加以灵活运用。

例如，课堂教学环节和过程问题，一般而言，可分为组织教学、复习后引入新课、讲授新课、巩固新课、布置作业等环节。在讲授新课环节中，要传授化学知识。但传授知识的目的在于使学生掌握化学科学方法和培养思维能力，故可以引入各种创造性教学的过程，使教师的创造性得以充分发挥，使同样的教学内容产生不同的教学效果。当然，化学教学活动顺序的编排要落实到具体的教案中。教案对于有化学教学经验的教师而言可以从简，也可以根据实际情况用课堂教学活动结构流程图表示。对于新教师而言，则应该十分明确地将化学教学活动的顺序详细地用文字和图表表述出来，以便在备课和教学过程中随时参考。

3. 教学策略设计

（1）化学教学策略的认知。

化学教学策略是化学教学设计的有机组成部分，是在特定化学教学情境中为完成化学教学目标和适应学生学习的需要而作出的教学谋划和采取的教学措施，它包括三层意思：化学教学策略从属于化学教学设计，确定和选择化学教学策略是化学教学设计的任务之一；化学教学策略的制定以特定的教学目标和教学对象为依据；化学教学策略既有观念驱动功能，又有实践操作功能。

化学教学策略因其不同的概括程度可以被纳入不同的层次。高层次化学教学策略是对低层次化学教学策略的概括，活动范围较大。低层次化学教学策略是高层次化学教学策略的具体化，活动范围较小。

第一，高层次化学教学策略与化学教学思想直接相关，它体现着教师对化学教学方针、教学目标以及教学理论和方法体系的认识，表现为比较概括和稳定的教学原则和活动规则。因此，可以把教学思想及其原则体系看作最高层次的教学策略。

第二，中层次化学教学策略是从化学教学实践中提炼、升华所形成的教学方式，是一系列规范、概括的化学活动规则的集合，符合化学教学模式的一般特点。此时，可以把化学教学模式解释为教学策略，认为化学教学模式是为完成特定的教学目标而设计的、具有规定性的教学策略。中层次化学教学策略是对具体教学实践的概括，但其概括程度低于化学教学思想。

第三，低层次化学教学策略是具体的教学策略，又称为教学思路。其通用性较差，操作性、技巧性较强。在化学教学策略设计中，低层次化学教学策略是在化学教学思想指导下，根据具体的化学教学目标、教学任务、学习起点和其他教学条件，运用化学教学模式进行教学策略设计的结果。

（2）化学教学策略设计的要点。

化学教学策略的设计是一件较为复杂的系统工作，原因在于影响化学教学策略形成的因素不但错综复杂，而且不易把握。以下四点是一些化学教学策略的设计要点，可以为一般化学教学策略设计提供参考。

第一，教学准备策略的设计。教学准备是指教师依据教学目标，钻研教材、组织教材、选择教法以及了解学生，制订教学计划的过程。化学教学准备策略的设计就是回答采用何种活动方式或行为措施，可以准确、高效地完成化学教学的准备工作的问题。对化学教学准备策略的设计，包括对制定化学教学目标的策略、确定化学教学内容的策略、分析学生知识背景的策略、编制化学教学计划的策略等的设计。

第二，教学实施策略的设计。教学实施是教学意图得以贯彻、教学目标得以达到的过程。化学教学实施的策略设计要求教师在化学教学过程中，懂得把教学内容与学生的认知结构联系起来，并帮助他们组织所学习的材料；懂得从学生的实际出发，采用大量的具体例子，以归纳方式使学生形成概念；懂得以学生认知结构为依据，用定义的形式解释概念，最终使学生理解掌握概念；以及通过有目的、有意义的学习，使学生积极地获得概念等一系列开展有效化学教学的方法。

第三，因材施教策略的设计。因材施教是指教学要适应学生的身心特点。化学教学的因材施教策略的设计要求教师针对学生的年龄差异、能力差异、认知方式的不同，分别采取相应的教学策略。

第四，教学监控策略的设计。教学监控是指在教学活动中为保证达到教学目标而对教学过程进行的检测、评价、反馈和调控。化学教学的监控策略设计要求教师在四个方面考虑教学监控策略的确定，它们分别是主体自控策略、课堂互动策略、教学反馈策略和现场指导策略。主体自控策略是指教师依据教学目的和教学主体的状况，积极促使教学主体进行自我控制的方式方法，包括主体（教与学双主体）的动机水平的提高，主体自我意识的增强，学生主体元认知监控水平的提高策略设计等；课堂互动策略是指教师有意识地建立规范的、和谐的、多向的交往与合作的课堂互动环境；教学反馈策略是指运用多种反馈渠道，将教学的情况反馈给教师或学生，以便及时地修正教学；现场指导策略是指根据不同的教学情境、学生学习状态，选择最佳教学方法，达到最佳教学效果。

（3）化学教学策略设计的特性。

第一，对化学教学的指向性。所设计的化学教学策略应该组织一定的教学行为，指向特定的化学教学目标和教学活动。在化学教学过程中，首先要确定教学目标，然后再选择适合的教学策略，通过一定的教学方法进行教学活动，以便最终达到教学目标。化学教学策略与化学教学方法联系紧密，它规定和支配着教学方法的选择，使教学方法更适合达到教学目标。

第二，结构功能的整合性。所设计的化学教学策略应该具有结构功能上的整合性。在选择和制定化学教学策略时，要体现教学策略构成的组合特征，要求教师针对具体的教学需求和条件，对影响教学策略构成的教学内容、方法、步骤、媒体和组织形式等要素加以综合考虑，组成适合教学目的要求的最佳教学行为。同时，发挥化学教学策略作用时，强调有效教学策略应该由具体教学方式、措施优化组合，合理组建，使多种化学教学策略能够协调作用，发挥整体优势。

第三，教学策略的可操作性。所设计的化学教学策略应该是可操作的。化学教学策略既不同于抽象的化学教学原则，也不同于在某种教学思想指导下构筑起来的化学教学模式，而是供教师在教学中参照执行或操作的教学谋划或措施，它有着较明确具体的内容，是教学活动具体化、行为化的基本依据，不同于只发挥指导和规范作用的化学教学原则和教学模式。因此，虽然化学教学策略对某种具体教学行为具有指导性，但它的可操作性应该是其本质特征之一。

第四，对问题解决的启发性。所设计的化学教学策略应该能启发问题解决。化学教学策略往往是与化学问题解决相联系的，即化学教学策略带有问题解决的经验性倾向。这是操作者在问题解决过程中一系列行为活动所遗留下来的痕迹。当操作者处于新的问题解决过程中时，会受到这种经验性倾向的影响。因此，在设计化学教学策略时，教师应主动利用这一影响，去组织解决教学问题的最佳策略途径和方式，从而有效地完成设计工作。

第五，教学策略的灵活性。所设计的化学教学策略应该具有灵活性。在选择和制定化学教学策略时，应该根据不同的教学目标、内容和任务的要求，参照不同学生的初始状态，将最适合的教学方法、教学媒体和教学组织形式组合起来，保证教学活动能达到既定的化学教学目标。同时，已经制定的化学教学策略在运用时，应能够随着教学情境（目标、内容、对象）的变化做出相应的改变。只有依据化学教学的实际状况能灵活变化的教学策略，才能始终在化学教学中发挥出最佳的作用。

4. 教学实验设计

化学是一门以实验为基础的自然科学。高中化学教学实验具有帮助学生形成化学概念，理解和巩固化学知识，培养学生的观察能力、思维能力和动手能力，启发学生联系科学、生活、社会实际进行创新，培养学生科学精神、良好的心理素质等诸多功能。因此，化学实验在中学化学教学中具有不可取代的地位。实验教学是以实验为主要内容的教学活动，其主要任务有两个方面：一是通过实验教学，直观地让学生观察和认识众多的自然现象及其内在的规律，使学生对某一领域的知识从感性认识上升至理性认识，验证或再发现某些已知的理论知识，从而巩固已学到的理论知识，培养学生的创造性思维方式及能力；二是通过实验教学，使学生学会在认识和研究自然科学领域中所遇到问题的一般或特殊的实验方法，熟练掌握实验中常规及某些特殊的实验技能，提高学生的实验动手能力。化学教学实验设计的要求主要有以下 4 个方面。

（1）实验目标要明确，有针对性。化学教学实验的内容、范围和难度等，由化学教学目标所规定。化学教学实验的设计依据的是化学教学目标，为完成化学教学目标而设置各种化学教学实验。要针对化学教学目标规定的知识与技能要求，抓住教学的重点和难点设计化学实验教学，以丰富学生的感性认识，更好地理解和掌握化学概念、原理和规律。对于通过实验要求学生掌握哪些基础知识，培养哪些技能技巧、哪些方面的能力，明确解决哪些主要问题，突出观察哪些实验现象，重点示范哪些基本操作，应概括得出哪些结论以及如何启迪学生思维等，教师在设计教学实验时要十分清楚，做到胸中有数。同时，化学教学实验的设计还应考虑到教学目标对能力培养和科学方法训练的要求，体现出化学实验的教育功能。

（2）实验现象鲜明，形象直观。现象鲜明、形象直观的化学教学实验，能更有效地引起学生的注意，使他们积极地投入当前实验现象的观察和感知中，从而在头脑中形成深刻印象，为思维加工过程积累丰富的感性材料。所设计的演示实验和边讲边实验，应使全体学生都能看清实验的物质、装置、操作和反应现象。实验装置力求简单、整齐、美观，重点部位要突出，不需要使用的仪器等要及时移开，避免分散学生的注意力，影响实验效果。操作要正确，速度要适当。实验现象要鲜明突出。当然，也不要过度地追求实验现象的新颖和离奇，使学生不得要领、分散注意力，适得其反。

（3）实验过程结论，有启发性。所设计的化学教学实验，应该在实验过程中或所得结论中具有一定的启发性，有助于学生对化学教学内容的理解和掌握。教师要善于运用教学艺术，使讲授、演示和板书有机地结合起来，启发学生积极思考，有效地培养学生的思维能力。无论采用哪种形式进行实验教学，教师都不要急于把结论告诉学生，而要善于引导，使学生明确实验的目的和观察要求，认真进行实验和观察，实验时要引导学生对实验装置、操作步骤和观测获得的现象进行积极思考，对现象和观测到的数据进行分析，通过抽象、概括、分析、归纳，认识和揭示出事物的本质和变化的规律，以形成化学概念，掌握化学理论。通过化学教学实验，使整个化学教学过程充满积极的思维活动，有利于发展学生的理解能力、分析能力和推理能力。

（4）实验内容简洁，安全可靠。化学教学实验在内容上的不同，会导致实验过程的千差万别。教师设计化学教学实验时，要精心选择内容简洁、操作安全、结论可靠的实验，以便教学所要求的实验效果能够在有限的时间内被安全、可靠地得到。教师要认真钻研实验教材，反复做好预备实验，掌握实验关键和数据，避免出现科学性错误。在保证教学实验科学性、针对性的前提下，要尽可能使实验过程简洁明了，实验操作安全可靠。危险而不可靠的实验不但危害学生的身心健康，而且容易造成学生对化学实验现象的误解。教师要懂得有毒物质、腐蚀性物质和可燃性物质等的使用规则。要了解各种仪器的使用性能以及防火、防爆、防中毒等基本知识，有危险性的实验仪器和药品摆放要合理，避免所设计的实验发生危险事故。当然，在化学教学实验过程中，要保持实验的真实性。

5. 教学媒体设计

化学教学媒体是化学教学过程中用于负载化学教育信息，以便实现经验传递、知识传播和技能培养的物质手段或工具。化学教学媒体是化学教学的基本要素之一，化学教学活动离不开一定的媒体的支持。

（1）化学教学媒体的特点。依据化学教学媒体的定义，我们可以得出化学教学媒体具有两个特点：第一，化学教学媒体作为传递经验的物质手段，具有一定的物质形式。在化学教学过程中用以传递信息的媒体可以是多种多样的，它既可以是一种简单的声波或光波，也可以是一种极为复杂的仪器设施。但作为化学教学媒体，必须是能作用于人，使学生能对其作用产生能动反应的事物，是具有一定物质形式的客体。第二，化学教学媒体区别于信息媒体而存在。化学教学媒体与信息媒体都是传播过程中传方与受方之间的联系物，都是信息的载体。但是，化学教学媒体与信息媒体之间，又存在非常重要的区别，信息可以通过单向性的媒体进行传播，而教学必定需要教师和学生之间的双向性的传播。

（2）化学教学媒体的分类。关于化学教学媒体的种类很多，以下探讨两种分类。

第一，按照我国教育心理学家邵瑞珍教授的观点，依据教学媒体作用的感觉通道，可以把化学教学媒体分为四类：①非投影视觉辅助，包括黑板、模型、实物等；②投影视觉辅助，包括幻灯机、投影仪及其辅助设备；③听觉辅助，如录音机、放音机、收音机等；④视听辅助，包括电影、电视和录像等。

第二，依据巴甫洛夫两种信号系统学说，可以把化学教学媒体分为两类：①非言语媒体。非言语媒体是直接的刺激物，属于现实的第一信号系统，包括实物、实验装置、实验现象、图表以及身体动作和表情动作等。非言语媒体所负载的是现实事物现象的具体经验和具体信息。通过这种非言语媒体，可以传递人们对各种具体事物的感性的和具体的经验。从这类媒体所负载的信息量来看，其投入相对较小，因而获取信息的加工相对较简便，要求的条件较少。②言语媒体。言语媒体以言语负载教学内容，属于第二信号系统，包括口头语言以及书籍、讲义、板书等文字材料。言语媒体区别于非言语媒体而存在，所负载的是现实事物现象的抽象经验或抽象信息。由于言语及第二信号系统是现实的第一信号系统的信号，具有抽象性与概括性，因而这类媒体可以用来传递人们对现实理性的和抽象的经验。由于言语媒体可以作为非言语媒体的信号，因而其信息的负荷量不受非言语媒体的局限，包容性相对较大，获取信息的加工相对繁杂，要求的条件较多。

（3）化学教学媒体的选择。

第一，影响化学教学媒体选择的因素。

一是化学教学任务。化学教学任务包括化学教学目标、化学学习内容和化学技能培养等因素。一定的媒体对一定的化学教学活动要达到的预期目标有着显著和独到的作用。例如：当学习目标是让学生掌握一些比较抽象的概念，如物质的结构和分子的结构时，采用物质结构模型较为有效；当涉及分子的运动、核化学反应或实验室里无法演示的工业反应流程，以及纠正学生某一实验动作技能的错误时，最好的选择是多媒体，这种媒介为认识事物的本质特征提供了极大的方便，使学生获得大量的、在一般情况下学不到的，或要付出很大代价才能学到的替代性经验。

二是学生身心特征。学生的身心特征是化学教学媒体选择中应该考虑的因素，因为学生的年龄、智力特点、认知结构、学习经验和动机兴趣等对化学教学中媒体的选择有一定的制约作用，如一个有经验的化学教师在为低年级学生进行化学绪言课教学时，往往采用多媒体、演示实验和实物模型，使学生感受到化学与工农业、实际生活密切相关，以激发他们学习化学的兴趣。而当学生对化学已有一定的基础知识和技能时，则可以采用计算机来提供一连串的、可随意翻看的静态画面，帮助学生进行复习或记忆。计算机的好处在于能使教师与学生之间始终保持交流，能面对呈现材料进行学习，教师可以一边观察学生反应，一边加以指导。由此可见，由于学生的年龄、学习兴趣、学习经验等身心特征的不同，媒体的选择也可不同。一般而言，与学生的年龄、兴趣、实际经验等相匹配的媒体可以为教学提供更多的帮助。

三是教学管理。化学教学媒体选择时要考虑的因素还有化学教学管理，包括教学规模、教师能力、教学安排等。从教学环境和教学效果两方面考虑，大班级教学、小组教学和个别教学所使用的教学媒体是不同的。选择化学教学媒体往往受到教师素质和教学安排等因素的影响，这是因为现代视听教学媒体所展示的材料不但形象，而且生动，对激发学生的学习动机、调动其学习积极性有独特的功效。但若在教学中对所用媒体管理不善，则会适得其反，起不到教学应有的效果。因此，选择使用教学媒体需要有周密安排的课堂教学，要求教师有及时获取、处理反馈信息以及控制教学进程的能力。

四是经济因素。能否选出一种适宜可行的化学教学媒体，还受到经济因素、媒体自身特点及其使用等一些实践性因素的制约。化学教学媒体的选择应该考虑经济因素，同时也要考虑一些有关媒体自身和使用上的因素，如媒体资源、媒体功能、操作情况、媒体组合性、媒体灵活性、媒体质量和使用环境等。

第二，化学教学媒体选择的程序。化学教学媒体选择受许多因素的制约，可以有多种不同选择，但一般而言可分为以下几个步骤。

一是了解化学教学目标、教师和学生的特点。包括：化学教学目标和每一项教学目标所属的学习类型（如智力技能、言语信息、认知策略、运动技能或态度）；教师的教学水平（备课讲课水平、课堂调控水平和测验讲评水平等）；学生的学习能力（阅读能力、观察能力和理解能力等）。

二是确定最合适的化学教学组织形式和经验习得方式。包括：确定最适合化学学习目标和学生特点的化学教学组织形式（集体授课、个别化教学及小组内的师生相互作用）；确定最适合学习目标和上述某种教学组织形式的经验习得方式（直接亲身的经验习得、词语与印刷文字表达的抽象经验习得及非词语的媒体经验习得）；罗列出当习得经验经非印刷媒体传递时化学教学媒体应该具有的特点。

三是根据以上步骤的工作，转入某一合适的流程选择图。这种流程图类似于计算机编程所采用的流程图：用一些框图、箭头、线段和逻辑选择，将问题的提出、解决的途径和结果都尽可能全面和清晰地展示出来。通过流程图，我们的选择通常被导向一种或一组适合的媒体。例如，选择被导向一处"静止画面"媒体，则框内可有照片、幻灯片和投影片等媒体，下一步再对这三种媒体做最后的确定。

四是这一步将重点考虑化学教学媒体的使用和经济等因素，这可用两维表来完成。以静画媒体为例，设计成两维表：一维为选出的三种媒体——照片、幻灯片和投影片；另一维为必须要考虑的因素，将三种媒体与任一因素做比较，得出不同级别的选择，从中可得出最需要的教学媒体，再综合经济因素、教师的喜好和市场供货情况等做出最后的选择。

（4）化学教学媒体的优化组合。在课堂教学过程中，化学教学的各种媒体并不单一地起作用。由于不同媒体具备不同的特点，各自都有自己的适应性和局限性，故在可能的条件下，化学教学应该尽可能地采用多媒体组合方式进行教学，以使各种媒体能扬长避短地工作。当采用多媒体教学时，存在媒体的优化组合问题。只有把多种化学教学媒体有机地组合起来，发挥各自的功能去传递不同性质的教学内容，才能取得预期的教学效果。

可见，化学教学多媒体的优化组合应用是为了取得化学教学的优化效果，但这种优化组合发挥出应有效果是有前提条件的。此外，在不同感觉通道中呈现的信息且信息有联系的情况下，同时给予两种感觉通道的刺激会提高学习效果。但如果信息量给得太多且超过一定冗余度，这时用双通道呈现的信息不如用单通道呈现的效果好。

（5）化学教学媒体设计的内容

第一，化学教学语言的设计。语言是思维的物质外壳，思维的内容主要通过语言表达。同时，语言又是信息传输的最重要的载体。在化学教学中，教师阐明教材内容、传授知识、组织练习、激发学生的学习积极性等一切课堂活动所用的语言就是化学教学语言。化学教学由基本教学语言和适合化学学科要求的特殊语言所组成，化学教学语言的设计应该由以下两部分组成。

一是基本语言的设计。①采用规范的普通话，不用方言教学；②注意发音和语调的适度，力求吐字清楚、音量适中、语速适宜和语调和谐；③注意语言的可信度和有效性，要使采用的语言贴近学生的年龄、接受程度，避免不真实、不可信的成分，并要富于情趣和传神；④储备一定量的基本思维表达词汇用于教学，选择大量正确、规范和生动的词汇丰富基本教学语言词库。

二是特殊语言的设计。化学教师在化学教学中所采用的特殊语言是与化学教学的特殊环境紧密相连的。①引入言简意赅的描述短语。化学教学中，一些抽象的概念和复杂的观念，采用简单明了的短语表达，可以将其意义迅速提炼出来。如原子核外电子运动状态、排布规律和表示方法都比较复杂，教师可以将它们提炼为"四个方面"（电子层、电子亚层、电子云的空间伸展方向和电子的自旋）、"三条规律"（泡利不相容原理、能量最低原理、洪特规则）、"三种表示"（原子结构示意图、电子排布式、轨道表示式）三句话，使学生对这些知识内容有更加明确和清晰的了解。②采用化学用语。化学用语是表示物质组成、结构和变化规律的一种国际化学文字，是学习化学的一种专用工具，也是进行国际交流的科学而准确的书面语言，它具有简明直观、确切表达化学知识和化学思维的特点。化学用语能表达化学基本概念、物质及其变化规律和变化中物质量的关系，如元素符号既代表某种元素，又代表该元素的一个原子和相对原子质量；化学式既表示某种物质的组成，又代表该物质的式量及组成元素间的质量关系；化学方程式既表示一个真实的化学反应，又表示物质间相互作用的量的关系。因此，化学用语是化学计算的基础，是培养科学思维方式的重要形式。正确采用化学用语，有助于化学教学的有效进行，发展学生的记忆力和抽象思维能力。

第二，化学教学板书（板画）设计。板书（包括板画）是在教学过程中利用黑板、白板、磁性板等教学板，以精练的文字、图解和符号传递教学信息，使学生更好地感知教学内容的行为方式。

板书是一种重要的教学手段，是课堂教学的有机组成部分。以黑板和粉笔为教具，简便易行并且可操作性强。板书可以体现教学意图，帮助教师表达讲课的程序和内容结构；可以促使教师深入钻研教材，提高思维能力和表达能力，弥补口头语言的不足；可以概括教学内容，引导和控制学生思路，使知识系统化、条理化。通过板书（板画）可以突出知识点、线、纲之间的显明关系，使知识结构明朗化。板书也是评价教师课堂教学质量的一个重要方面。好的板书可帮助学生理解教学内容，抓住重点、突破难点、掌握关键，向学生提供书写和运用化学用语、规范解题格式和绘制图表等的正确示范，增进教学效果；能帮助学生掌握教学思路，提高逻辑思维能力；能加强教学的直观性，唤起学生的注意力，增强学生的记忆力、理解力，有利于思维训练；有利于锻炼学生的笔记能力、表达能力；有利于学生课后复习和理解、巩固新课内容。化学课堂教学中的板书包括正板书和副板书两部分。正板书包含相对固定的板书内容，体现的是化学课堂教学的意图。正板书能形成比较完整的体系，被书写在黑板的显著位置并尽量保留。副板书包含临时性、多变性的板书内容，主要作为帮助学生听讲，或充当正板书的辅助和补充内容，它们一般不长时间保留，书写位置没有严格的要求。但也要做到有计划地书写，保留时间恰当，整体版面布局合理。

一是板书的内容主要为课题名称、授课提纲，包括研究问题的思路、步骤、知识的系统结构等；教学要点和重点，包括重要的定义、原理、规律、符号、数据、性质、制法、用途、方法、结论、注意点和学习要求等；补充材料和其他内容，包括图表、例证，以及为了帮助学生听清、听懂而做出的文字解释、说明、提示、图示和生僻字词等。其重点和详略常常因教学内容、教学方法、教师的教学风格和学生的接受水平而定。板书内容应该是教师教学的重点内容或主要内容，应能厘清教材系统，体现知识结构，但不能变成课文摘要或内容缩写，否则将使学生忙于抄写板书，影响学生听课效果，从而失去板书的意义。

二是板书形式的设计主要包括四个方面，见表2-1。

表2-1　板书形式的设计

主要形式的设计	具体内容
纲要式板书设计	用于表示教学内容的结构、组成、顺序以及有关要点等的板书
图表式板书设计	用于示意图、比较表等内容的板书
思维式板书设计	用于表示思维、运算过程的板书
综合式板书设计	综合运用各种板书形式进行的板书设计

三是板书的布局设计是比较重要的问题。简洁、鲜明、引人入胜的板书一般都采取的是正板书居中，副板书两侧；正板书长留，副板书临时；重点板书内容重点标出，非重点板书内容简单带过的布局策略。

第三，化学多媒体课件设计。为满足计算机辅助教学的需要，根据化学教学目标编制、用于化学课程教学的多媒体程序软件称为化学多媒体课件。它是化学教学内容、教学方法和课程设计技巧的有机结合体，通常以磁盘为存储载体。通过多媒体课件的运行，计算机辅助化学教学系统能在一定程度上代替化学教师向学生呈现学习材料和问题，对学生的问题进行评定、诊断、反馈、提示和指导，跟踪、记录学习情况并进行分析，作出教学决策，调整、调控教学过程等。

一是化学多媒体课件的规划。化学多媒体课件的规划包括拟定化学多媒体课件的编制目的、教学内容、教学目标、教学要求及其结构方式；明确课件的适用对象、适用范围和支撑环境；编写或者选择适当的化学教材。

二是化学多媒体课件的设计。化学多媒体课件的设计包括确定各节的教学模式、课件类型、教学方法和教学策略；根据教学内容要素划分教学单元；确定各单元向学生传输的学习内容、应提出的问题、可能的应答反应；确定对应答反应如何判断、反馈以及转移控制的结构；根据课件的支持环境选择适宜的信息输入方式；通过对原始教材的再创造编制出化学多媒体设计的流程框图。

三是化学多媒体课件的输出设计。为了提高信息传送效率，要确定适当的信息表示形式（如文字、图像、声音等），显示器是最主要的输出设备，根据它的显示特点精心设计信息显示位置、显示技巧，画出附有注释说明的屏幕设计图系列。

四是化学多媒体课件的程序编制和调试。通过所设计的程序框图，用适当的程序设计语言编写各单元的程序，并在计算机上初步调试，然后把各单元程序组接成课件，再进行整体调试。

五是化学多媒体课件的试用、修改和维护。在适当的班级或其他教学单位中试用所编制的化学多媒体课件，了解试用的情况，针对发现的问题进行修改和日常工作的维护。

（二）高中化学教学设计的不足与对策

1. 高中化学教学设计的不足

（1）教学设计依赖行为描述。传统教学受行为主义心理学的影响是很深刻的。一直都存在着以结果为中心的教学观，只注意了解学生学习知识时的外部行为，将是否记住了书本知识和会做题作为学生学习效果的衡量标准，而不去探查这些行为所反映的内部心理机制及其形成条件。在教学设计方法中过分强调对学习成果外部行为的描述。虽然这是对教学进行系统评价和反馈评价结果所必需的，但在诸如学习将使内部心理机制发生怎样的变化，以及通过哪些行为才能正确推测学生内部心理机制的变化等问题还没有得到圆满解决之前，过分强调这一点效果会适得其反。因此，教学设计也存在注重采用行为目标的具体表述和系统分析方法的现象。

（2）教学目标设计——知识结果中心。20世纪60年代以前，心理学对知识、技能以及知识怎样转化为智力和技能等基本问题没做系统研究时，教育界对它们都只作哲学性和常识性的解释。而行为主义心理学也不主张对内部心理机制的推测，只注重外部刺激如何能引起所希望的反应行为。沿袭这种认识，当下，设计教学目的一般是规定学科知识的内容和概括性地描述知识掌握的程度。并且，更加注重对教学目标的观测性和评价性的改进，而没有以实质性的行为解决目标描述中学生内部心理的变化。因此，在进行目标分析时，对理论知识的掌握很到位，但对于真正落实就差之千里，最终导致无法将教学目标明确地展现。教学设计时，把学习理论和教学实际应用分离，不利于学生对学习成果的充分掌握和缺乏深入研究的技能，也无法让学生真正获取知识与技能，这样的知识结果中心观仍然影响着目前的教学设计实践。

（3）学习内容分析——教材中心。以知识结果为中心的教学目的观，导致在学习内容分析中的"教材中心"倾向。在传统教学中，学习内容分析被称为"教材分析"或"处理教材"。在这种分析中，通常注重分析教材知识内容的逻辑结构，而忽视了学生将如何运用原有的认知结构去学习知识的思维过程。在目前的教学设计中，很大程度上改善了教学设计在遵循学习规律方面的能力，原因在于运用了任务分析法和信息加工分析法。但是在知识结果为中心的教学目的观的影响下，掌握知识仍然是学习内容分析的目的，因此，在进行分析时，缺乏对实际学习能力的培养和学习过程中具体学科知识的掌握。只有通过具体的学科学习过程才能提升学习能力，所以，传授学科知识时，也应该将学科学习过程能力的培养作为教学任务完成，这也是当前教学设计过程中不可回避的问题，只有实现了教学设计的整体发展才能满足素质教育的要求。

（4）教学策略制定——教师中心。传统的教学目的观是以知识结果为中心，这就导致了教学方法以教师为中心。因为在教学过程中缺乏对学生内部行为的掌握，所以对学生的认知不全面，缺乏具体的分析能力。正是因为对学生的认知不够全面，也就导致在教学方法的认知上偏颇于将教学的中心定义为以教师为中心。因为系统分析法的采用，注意到了选取能够促进学生积极参与的新方法促进教学，但是因为在教学时缺乏正确的科学理论指导，导致在制定教学策略时依旧存在很大的盲目性，对于新方法的探究还缺乏理论支持和实践验证。

2. 高中化学教学设计的对策

（1）重视现代教学理论的学习。对于化学教师而言，即使掌握了多媒体的基本知识和教学软件的设计与制作，如果没有现代教学理论为支柱，那么提高教学效率仍然存在问题。因此，分析教学理论的基本概念和行为主义学习理论、认知学习理论和人本主义学习理论等，在教学中具有指导意义。

（2）加强学生的探索性实验。20世纪中叶，在世界范围内，发起了一场关于提高理科教学质量的现代化教育运动，这次运动迅速发展了实验探索教学思想，该思想强调学生学习的自主性，强调在学习的过程中可以自主选择和掌握所学学科的学习方法，并且探索性地对学科概念进行探究和学习，这种教学思想注重自主性和探究性，力求通过观察和实验达到教学目的，并且强调掌握科学概念、形成探索能力和培养科学态度，将观察和实验作为掌握科学知识的重要探索方法，这与今天我们所倡导的素质教育思想是一致的。

（3）鼓励学生积极思维。化学课堂教学的设计，需要教师不断创新情境创设，设置好矛盾情境，然后引导学生发现矛盾、分析矛盾、解决矛盾，让学生始终保持探索的学习积极性，进而准确地掌握和运用知识体系，让学生在不断探索中学会接受和运用知识，从而激发学生的学习积极性。

（4）调动师生的积极性。在课堂教学设计中，化学教师要调动一切可以调动的因素，营造温馨、平等、和谐的教学氛围，从而充分调动学生的学习积极性和主动性，不断增强他们的探索能力和解决问题的能力。如果一堂课程的气氛很沉闷，学生只会感到压抑，这时，学生就会失去主动思考和质疑的可能性，进而影响学生能力的发展。学生具有差异性和发展性，当学生提出简单的问题时，作为一名教师，应该鼓励大胆提问的学生，正确引导他们进行更深层次的思考，进而不断培养他们的思辨能力。

（5）利用恰当的比喻。教材的难点、重点往往是学生感到学习困难的所在。从学生对学习的需要看，他们往往想厘清所学知识的来龙去脉，但一时又由于知识间的跨度而难以满足这种需要。化学教师在教学设计时应充分考虑到这种情况，以便在教学中抓住时机，启发学生主动质疑，并借助形象的比喻，使学生在渐进的探索中找到答案。

第二节　高中化学教学的过程优化设计

一、高中化学教学中的学科理论课优化设计

高中化学教学中的学科理论课优化设计模式，具体如下。

（一）提出课题并列出研究问题

问题是探究学习的动力，学生通过探究发现问题、分析问题和解决问题。教师要引导学生主动发现问题，积极参与课堂探究，让学生在探究中获得新的知识和新的体会，勇于创新；同时还要鼓励学生积极动手操作，学会观察、分析和处理问题，切身体会到知识是如何产生的。学生在探究过程中进行思考和实践，不可避免地会遇到困难，也会收获成功带来的喜悦，体会探究过程中的辛苦，学会正确认识挫折，与同学分享成功时的喜悦。探究过程中，教师要让学生认识到学习的重要性，深入了解化学研究的思路和方法，理解化学相关概念和科学知识，培养学生分析问题和解决问题的能力，引导学生多思考和观察，帮助学生掌握自主探究的方法；此外，教师还应该激发学生的学习积极性，培养学生的探索精神。

（二）科学性和假定性相结合

从科学方法论的意义上来看，所谓假说，可以理解为对于事物、现象及其本质、规律或原因的某种推测性的说明方式。从原则上来看，科学中任何需要经受考验的陈述，都可称为假说。由于假说是根据一定的事实材料和理论知识，对研究对象未知性质和规律的一种推测，所以它既包括已知知识，又包括据此而推测得到的未知知识，就这个意义而言，假说具有科学性和假定性相结合的特点。同一类化学现象的多种不同的化学假说，甚至对立的化学假说之间的相互争论有助于揭示这些假说中存在的问题，相互补充乃至发展出新的化学假说，这有利于在化学实践的基础上使人们对化学现象的认识不断深化。

科学探究的问题提出后，则要对可能的答案或结果做出猜想或假设。引导学生根据提出的问题结合日常现象和化学学习，合理假设，培养学生想象能力和创新意识，引导学生进行背景知识的了解，即针对准备研究的课题，引导学生进行查阅，找出原因，然后筛选其中有用的信息，提出自己的假设，培养他们的探索精神、质疑批判精神及创新精神。

（三）运用实验和资料验证假设

学生获得足够的感性材料后，引导学生进行解释并通过理性分析，用报告的形式进

行总结，学生通过比较、分类、归纳、概括等方法，对事实与证据进行简单的加工、整理和分析，得出正确的结论，并与前面的假设进行对比，再对结论进行分析和讨论，培养学生对事实的分析处理能力和归纳能力。教师要引导学生正确地将探究的过程和结果用书面或口头的形式表达出来，同学之间相互交流，针对某些问题进行探讨，彼此表达自己的思想和观点，同时倾听他人的想法，虚心学习他人的长处，彼此共同进步，获得正确的探究结论。

（四）结合新情境检验规律性结论

教师要培养学生与他人的合作能力和沟通交流的能力，引导学生彼此尊重和理解，善于发现自身和他人的长处和不足。学生平时要学习如何融入群体，与他人和谐相处，不断增长知识，学会与他人相处的方法。学生在探究中也要学习如何正确表达自己的思想和观点，与他人进行合作，增强民主、平等和合作意识，树立正确的价值观，培养科学精神。在科学探究这样完全开放的学习背景下，学生的自主性、独立性、能动性和创造性将不断提升。

（五）进行反思评价以提高学习质量

反思和评价是一种学习过程，也是对某一阶段学习的总结，通过反思和评价，可以让学生学会如何学习。上完一节课后都应该要求学生反思自己是否完成了学习目标、收获了哪些知识和学习方法、有什么样的情感体验、还有哪些问题不明白等。教师可以给予学生指导或者让学生自行讨论，引导学生反思探究活动，使其正视自己的不足，并给出改进建议，不断完善自身，学会自我评价和相互评价。对于每个课题，学生都会提出许多办法和得出多种结论，要充分发挥评价的激励和发展功能，增强他们的自信心，彻底解放他们的思想。要引导学生对各方面的因素综合考虑，分析学习的得失，找到问题的原因，从而全面理解问题，提高学习的质量。

二、高中化学教学中的实验探究课优化设计

化学是人类社会发展和进步的支柱学科之一。现代化学不仅担负着它在生产和技术中的应有任务，还与能源科学、生命科学、生物科学、环境科学、材料科学等密切相关。化学在人类发展中的作用更加突出和重要。

高中化学既要培养学生动脑思考问题和利用化学知识解决实际生活问题的能力，还要训练学生的动手操作能力，这是化学的特色之一。化学本身是一门以实验为基础的科学。实验是化学学科的生命线。化学教学是以实验为依据、以理论为先导，通过对化学知识的学习，对实验过程的观察、记录，对问题的分析、理解、概括、综合，以达到形成概念、掌握理论、启迪心智、陶冶情操之目的。高中化学教学中的实验探究课优化设计模式

具体如下。

（一）构建教学情境

在教学中，应该注意情境的设置，一个好的情境能够使学生产生无知的感觉和解决问题的愿望。问题情境的设置是教学设计的第一步，好的问题情境能够带领学生进入探究学习的世界，在其中积极主动地活动，建构自己的知识体系。同时，通过教师与学生的交流创设出有意义的课堂。

（二）学生进行探究

学生通过动手实验探究问题，检验假设，解释观察结果，最终解决问题。值得注意的是，让学生亲自动手去做实验（可以分组实验），而不是教师演示，体验过程不是说出来和听出来的。在"做中学"，在"学中做"，才能使教学真正有效。此外，教师应该引导学生进行合作分析，以分组讨论的形式让学生找到解决问题的正确方案，然后通过合作的方式完成课本上的实验，或在此基础上设计新的补充实验去探究。

例如，学生根据假设——氯气可以与水反应，组织小组成员设计方案，并在学生探究的过程中，首先应做好安全防护，并注意以下问题：①创设宽松环境，鼓励每个学生在实验过程中发表意见；②引导学生注意现象的观察，确定观察的重点；③及时引导评价，鼓励学生的批判性思维；④注意对课堂的有效控制，培养学生严谨求学的态度。

（三）分析相关数据

收集相关实验数据并观察到实验现象后，教师应该引导学生分析实验数据和现象，运用所学的知识自主探究。另外要注意设置的问题应该分不同层次，引发学生思考，学生只是参与其中并不能引发更高层次的思考，只有设置高价值的问题才能引发学生深层次的思考，帮助学生全面发展。教师设置的问题应该分成不同的层次且具有开放性，学生可以根据自身的知识水平和实验过程中的体验，发表自己的看法。所以教师要利用好问题情境，帮助学生构建自身的知识体系，学会发现问题并解决问题。

（四）教生评价环节

教师与学生评价环节主要包括 4 个方面：①教师对学生实验过程的评价；②学生对实验方案和过程的评价；③学生对实验结果合理性的评价；④学生对实验结果的批判性思考。

教师还应提出适当的应用问题来激发学生进一步思考，学生则将已建立的科学概念和学会的科学方法加以应用。例如，可以布置更加开放的探究问题：探究水的净化。鼓励学生进一步感受生活，理解化学知识在生活中的应用，同时锻炼自己的探究能力。

（五）讨论实验问题

在高中化学实验探究课的讨论阶段，需要注意以下五个方面。

第一，探究活动中学生的收获。学生通过探究不断学习，同时探究也是学生要学习的目标。学习时，要让认识、情感和意志三个过程保持协调发展，才能有更好的学习效果。学生在探究学习中可以使自身素质得到全面发展。

第二，学生亲身参与研究和探索，收获体验。在类似于科学研究的活动中，学生通过亲身参与实践，形成提出问题并积极探究的好习惯，不断获取新的知识。

第三，培养学生发现和解决问题的能力。实验探究学习的问题是比较复杂的，学生围绕这个问题进行探究学习，在这一过程中，教师要引导和鼓励学生发现问题，让学生自行设计解决方案，通过分析和研究找到解决问题的方法。

第四，培养学生与他人合作的能力。设置复杂的问题，让学生无法凭一己之力找到答案。在探究学习时，学生之间需要通过讨论和合作，发表各自的看法，集思广益，找到解决问题的最佳方案，同时也培养学生的合作精神，在与他人交流的过程中感受到团队合作的重要性。

第五，培养科学精神和态度。学习时，学生会针对问题提出假设，然后收集资料，得出自己的结论，并与同学交流和反思，在这一过程中，学生会意识到踏实认真、实事求是的科学研究态度的重要性；也学会尊重他人，与他人交流。通过学习和实践，学生会养成严谨踏实的科学探索精神。

探究式教学方法可以活跃课堂氛围，调动学生的积极性，让学生在一个相对自由轻松的环境下学习，学生会敢于提出问题并大胆创新，师生双方能够平等交流，彼此尊重，二者是合作关系，教师为学生提供指导，双方敞开心扉交流思想，相互理解，在民主、自由、宽容的氛围中实现知识共享，共同分享人生价值和智慧，改变传统教学中以教师为主体的情况，以学生为主体，从而提高课堂教学效果。

第三节　高中化学教学的学习方式设计

一、高中化学教学中的自主学习设计

（一）自主学习的意义与特征

1. 自主学习的意义

（1）在自主学习①过程中，学习者能充分发挥主体作用，逐步形成正确的学习态度、提高自主意识的水平、发展智力和非智力因素素质、掌握学习方法和培养自我评价能力，从而不断地把自己塑造成一个具有终生学习能力的人，使自身的潜能和素质一生得到不断的开发、发展和完善。

（2）自主学习之所以重要，不是它在生活中有用，而是它符合创造性的自我发展。

（3）自主学习是个人在剧烈变革的社会中，高质量地生存和发展的必备素质之一。

（4）自主学习，是健全人格、发展独立性和创造性精神、意识和能力的"温床"。自主学习是创新的前提。

2. 自主学习的特性

（1）能动性。能动性代表学生可以进行自主学习，代表学生对学习的态度是积极的、主动的，在学生有了主体能动性之后，学生可以进行自主学习。

（2）有效性。自主学习是学生出于自己的学习系统、出于自己的学习需要对自己学习进行的调节，调节是为了让系统中的因素可以协调作用，获得更好的学习效果，也就是，自主学习是学生使学习效果达到最优化的过程。通常情况下，如果学生的自主学习水平比较高，那么学生对学习过程的优化程度也会比较高，能够获得更好的学习效果。

（3）相对独立性。自主学习要求学生保持学习的独立性、自主性，学生最好不要依赖教师，也不要依赖伙伴或家长，能够对自己的学习作出独立的控制和选择。但是，并不是说学生的学习要保持绝对的独立，对于正在学校学习的学生来讲，有的学习内容、学习时间无法完全由学生自己支配，而且学习也不可能脱离教师的指导，所以在学习过程中还是存在一定的依赖性。而且强调学生进行自主学习并不是说教师对学生的帮助是没有意义的，在教师的指导下学生制订的学习计划、内容、时间安排、学生学习使用的思想方法、进行的研究性活动都必然比单纯的自我探索获得的效果要好得多。在这个过程中，主要强

---

① 所谓自主学习，是指学习者在学习活动中具有主体意识和自主意识，不断激发自己的学习激情或积极性，发挥主观能动性和创造性的一种学习过程或学习方式。

调的是教师应该给予学生适当的帮助，通过引导让学生的思维更开阔，提高学生自主解决学习困难、扫清学习障碍的能力。在教师的指引下，学生会形成更强烈的学习兴趣，也会养成独立思考的习惯，有利于让学生形成更强的自觉性。

（4）自我监控性。自我监控指的是学生监控自己学习过程的一种行为，通过对自我学习过程的监控，学生可以及时调整学习方法，也可以对自己的学习状态、学习结果有更清晰的认知，而且有助于学生发现学习过程中的问题，有助于学生进行自我反思以及问题的解决，在这样的自我监控下，学习能够达到最优状态。

（二）自主学习的方法设计

1. 培养学生的兴趣与责任心

学生在学习中能够获得的最大动力来自兴趣，一旦产生兴趣，那么学习就会变成自觉的、自动的，所以，自主学习需要激发学生的学习兴趣和热情。

新课程的出现为学生的学习提供了更好的平台和条件，如《普通高中化学课程标准（2017 年版 2020 年修订）》中明确指出，化学教科书的内容必须紧跟时代发展的步伐，需要让化学成就深入浅出地被学生理解，与此同时，还要注重化学发展历史的介绍，让学生意识到化学概念以及化学原理发展的过程，让学生掌握化学思想观念，也要在教材中体现当下的社会中与化学有关的热点问题，从当前化学的最新研究内容或化学发展面临的重要课题角度为学生介绍有关重点内容，这些知识可以将学生的兴趣更好地激发出来。

教学内容和学生的生活相关联，和他们的经验相整合，就容易激发学生的学习兴趣。在教学中应采用多种教学手段，让学生总有新鲜感。因此，要让学生产生"我要学"的意识。第一，要以兴趣为主；第二，要把责任感培养起来。让学生认识到学习是一种追求、一种愿望、一种兴趣，更是一种责任。

2. 创造学生自主学习的氛围

为学生创设外在的、优质的自主学习氛围可以为学生自主学习活动的开展提供基本保障，化学当中有很多原理、很多规律需要学生自己去探索，只有经过实际探索之后，学生才能真正理解，而且学生在学习过程中也会表现出主动性，学生不愿意单纯的接受化学知识，他们希望在自主学习过程中对化学知识进行独特的理解，因此，化学老师要培养学生养成化学探究意识、独立学习化学知识的意识，为学生创设化学学习情境，为学生提出化学问题，让学生自主进行问题的解决。当教师提供了良好的化学学习氛围之后，学生会自觉地进行有关化学知识的探索，作为教师，应该重点进行化学学习活动的设计。例如，在提倡制作家庭简易实验箱的活动中，凡在实验中所需药品及仪器鼓励学生尽量从生活中寻找代用品。家庭实验箱的建立给学生提供了一个自由想象、自由发表见解、自由探讨问题的宽松的、自主学习的空间。在这种学习活动中学生会遇到很多实际问题，如污染问题、安全问题、提纯问题等，为了解决这些问题，各种各样的实验设计就会应运而生。通过这些自主学习活动，使学生的创造潜能得到了较好的发挥，同时也培养了学生为社会创造财富的责任感和使命感。

3. 教师使用科学教法

学生进行自主学习的前提是教师要使用科学的教学方法，教师使用科学的教学方法之后，学生才能掌握科学的学习方法，只有教和学都是科学的、统一的，教学质量才能有所保障。

化学属于自然科学的范畴，在培养学生形成化学能力的时候需要使用自然科学方法论。具体而言，自然科学方法论涉及的学习方法有信息收集方法、信息处理方法、信息概括方法、信息应用方法，这些方法的掌握不是一蹴而就的，需要学生长期的学习坚持，教师要针对不同的学习内容、学习阶段、学习特点向学生传授合适的学习方法，教师要让学生掌握不同方法的应用情况，教师教学的时候要把化学概念、化学规律或化学公式的形成过程设计成探究活动，为学生提供全新的、可以吸引他们兴趣的学习方式。

（1）让学生模拟创新。教师需要分析化学概念、化学理论是如何形成的，通过分析形成过程可以提取理论或概念形成过程中不可错过的重要信息，利用这些重要信息，教师可以设计化学活动，可以让学生进行化学概念或理论的自主探索、自主分析、自主归纳。在学生模拟化学概念或理论的形成过程时，学生可以形成自己的化学思维、化学想法，通过自己的探索得出化学结论，教师需要对学生获得的结果进行评价。在模拟的过程中学生进行了知识的新思考，对之前的知识进行了重新利用，进行了知识的二次创造。在学生模拟创新的过程中，教师对学生进行指导，使学生对信息进行更好的加工处理，让学生掌握了更科学的思维方式，通过创新模拟，学生形成了创新的思维、意识、习惯，自主学习能力有了明显提升。

（2）充分利用各种教学形式，如在板书设计上用列表法进行概念的比较，用框架图来表示知识网络，用联想进行发散性思维训练等，目的在于培养学生应用比较、分析、数量化、图表化等科学手段来处理信息。又如，让学生自编"化学手册"，要求学生学习一段时间就要将已学过的知识进行分门别类整理，将零散的知识进行归纳总结、寻找规律、整理思路。让学生通过这些自主学习活动，学习如何科学地收集信息和概括信息。

（3）让学生学会提问，则是学生理解、应用信息，解决新问题的良好途径。训练学生提出有价值的问题、并找出解决问题的方法是思维能力较高层次的表现。提问要遵循从简到难的原则，可以由点到面，由局部到整体，这样能够拓宽学生的思维空间，使学生的创新能力得到培养。

4. 充分尊重学生的个性发展

学生自主学习的过程和个性发展的过程是协调的、统一的，学生的个性发展会促进学生的自主学习，在个性的指引下，学生会更有学习自觉性，当学生的自主学习达到一定的程度之后，学生的潜能会得到挖掘，也会反向促进个性的更好形成和发展。

但是，教育发展过程中一直有一个误区，那就是全面发展与学生的个性发展之间是对立的，它认为只有学生全面发展才是对学生有益的，这种认知是错误的，在真正的教学过程中，教师面临的是个性差别较大的学生，面对学生之间的诸多差异，教师需要更多关注学生的差异，做到因材施教，最好可以把学生身上的个性资源最大限度地挖掘出来，让学生可以借助自己的优势更好地成长。如果教师发现学生的文化课比较好，那么教师应该在原有的基础上对他们提出更高的要求，悉心培育这些学生的文化成绩。作为一名教师需要关注学生的个性，捕捉学生身上存在的闪光点，让学生在自身兴趣的引导下、在自己个性的支撑下进行自主的学习选择。也就是说，教师要为学生提供可选择的发展方式，让学生的个性可以得到自由的展现。

5. 实行化学课堂讨论法教学

教师可以利用讨论法进行课堂教学，而且讨论法的形式是非常多的，比如，可以进行小组讨论、全班讨论，可以是学生自由组合进行讨论，也可以是师生之间进行自由的交流互动。

讨论教学法完全把学生当作学习活动的主体，学生可以主动地获取知识，而不是被动地接受知识的灌输，这种方式体现了学生的主体地位。在化学课中使用讨论教学法可以培养学生化学方面的创新能力，培养学生自主学习化学知识的能力。例如，在进行试卷讲评的时候，教师可以将学生分成不同的小组，让学生之间进行解题方法的探讨，当小组讨论结束之后，教师可以听取每个小组的汇报成果，组织试卷点评可以让学生有更高的化学学习兴趣，可以让所有学生都参与到化学知识讨论中，让课堂真正的焕发出学习活力、学习生机，改变枯燥的传统教学模式。在这样的教学模式下，学生的思维也会变得更加多元，学生也会进行动态的思考，整个化学课堂的学习环境也是愉悦的、轻松的，更有助于学生发展自主学习能力。

通过以上分析可以发现自主学习的教学目的能否实现，除了要转变当下的教育思想之外，还要考虑到社会当前的发展状况、学生自身的学习素质。我国教育发展过程当中经历了很多创新，但是，在多次创新过程中并没有重视自主学习的重要作用，虽然一直在强调学生独立学习的重要性，但是真正留给学生独立学习的空间并不多，在当下教学改革过程中，学校应该完善自主学习方面的机制，让自主学习在学校变得可行。

二、高中化学教学中的探究式学习设计

在科学高度发达、科技迅速发展的时代，在以进一步提高学生科学素养为宗旨的教育理念指导下，我国已经把培养人的科学素养、科学精神、科学思想和科学方法等列为教育的基本要求。当前的高中化学课程要有利于学生体验科学探究的过程，学习科学研究的

基本方法，加深对科学本质的认识。在高中新教材中，有许多篇目的学习过程采用的就是探究式学习方式。

美国芝加哥大学教授施瓦布的探究式学习是一种自己探索问题的积极的学习过程，是在 20 世纪 50 年代美国掀起的"教育现代化运动"中被提出的。施瓦布的探究式学习反对把科学知识当作绝对的真理教给学生，强调科学是一个寻求证据、对自然现象不断加以解释的过程，认为学生学习的过程与科学家的科学研究过程在本质上是一致的。对探究式学习的解释多种多样，但通常认为其含义是：学生从各种学科领域或现实生活的问题或任务出发，通过形式多样的探究性活动，以获得知识和技能，培养探究能力和应用能力，获得情感体验为目的的学习方式。

（一）探究式学习的主要特征

探究式教学的基本特征主要概括为以下五个方面。

第一，学生需要针对科学性问题进行相应的探究。科学性问题指的是针对客观世界当中存在的事件现象、生物体或者物体而提出的和学生当前学科学习有关的问题，科学性问题可以引导学生更好地开展科学实验，可以引导学生通过信息收集、数据分析对所观察到的现象进行科学的解释，虽然问题有一定的难度，但是，通过探索，学生可以在自己的努力下获得问题的答案，这极大地激发了学生的学习欲望。

第二，学生获取可以帮助他们解释和评价科学性问题的证据。与其他认知方式不同的是，科学是以实验和观测来获取证据并以此为基础来解释客观世界内在规律的。在课堂探究活动中，学生也需要运用证据对科学现象作出解释。例如，研究浓度对化学反应速率的影响时，就可以回忆物质在空气和氧气中不同的燃烧现象，在其他外界条件均不变的前提下，相同物质在不同浓度时进行的多次实验，取得大量的实验数据。同时，学生也可以从教师、教材、网络或其他地方获取证据，以此来对他们的探究进行补充。

第三，学生需要根据实际的证据对问题做出解释，解答教师提出的科学性问题。问题的科学解释需要根据实际的探究现象、实际的探究结果进行推理，在对各种现象或者结果进行逻辑解释的时候，必须保证解释中的内容或者说法和实际探索的现象或者获得的数据是一致的。在进行科学解释的时候，可以使用分类方法、分析方法、推论方法、预测方法，还可以使用批判性推理方法、逻辑推理方法，在获得解释结果之后，还要承受来自他人的质疑或者批评。

解释可以让学生利用原有知识对当前的现象进行分析，建立新旧知识之间的关联，所以，在解释的过程中，会产生新的知识，学生对知识的理解也会更加透彻。例如，在学习金属钠的性质时，教师可以创造一个情境：在学生已知金属钠容易被空气氧化的知识基础上，把金属钠放入硫酸铜溶液中，以此来证明钠比铜的金属性强。通过对实验现象的疑问、剖析和探究，从而最终得出结论：钠是一种很活泼的金属元素，能够与水发生剧烈的置换反应从而产生氢氧化钠和氢气，不能用它去置换溶液中的其他金属离子。

第四，学生会对比其他可能出现的解释结果，特别是解释结果科学性更高的那些解释，通过对比会对自己做出的解释结果进行评价、修正，有的干脆会直接抛弃自己的结果。这一点使科学探究和其他的探究形式有明显的区别。

对比不同的解释结果，需要学生参与结果讨论，需要学生进行结论的探讨、分析、对比，以此来验证自己的结论是否正确，这种方式需要学生将当前的知识结论和自己之前的知识建立联系。换言之，学生的解释最后应与当前广泛被人们所承认的科学知识相一致。例如，就水的沸点明显高于碲化氢，而不遵从结构和组成相类似的物质其沸点随相对分子质量的增大而升高之规律的事实，依据学生的思维进程推理性地就一系列的问题进行探究。

第五，做出的解释需要进行科学的验证。科学家在进行解释交流的时候，会彼此详细阐述具体的研究问题、使用的研究程序、得到的研究证据以及最终的解释结果，在清楚阐述这些相关要素之后，其他的学者可以对解释提出疑问，然后进行进一步的解释。在化学课堂当中，一个学生公布他获得的化学解释结果之后，教师可以让其他的伙伴提出疑问，审查这个结果是否正确，也可以让这个学生寻找是否存在逻辑思维方面的错误，其他的同学也可以根据该同学得到的结果或者观察到的现象给出不同的解释。在这样的相互讨论以及解释问题的过程中，可能会引发其他的问题，也有助于其他的学生进行逻辑关系的验证，通过不断地探究交流，学生可以解决彼此观点中的矛盾之处。例如，在学习二氧化硫的性质时，如果学生对二氧化硫气体能够使含有少量氢氧化钠的品红溶液褪色的原理产生不同的理解时，就可以讨论、探究这样的问题：能否设计实验证明二氧化硫气体使含有少量氢氧化钠的品红溶液褪色的原因，究竟是二氧化硫与氢氧化钠反应的结果还是二氧化硫与品红反应的结果。

（二）探究式学习设计的把握

探究式学习应从改变教师的观念开始，要求教师重新理解学习和教学，为促进探究学习而教学。探究学习强调学生的自主性，但并不忽视教师的指导。应该特别强调教师适时的、必要的、科学的、有效的指导。教师在指导学生探究时，不必追求科学家探究的水平，在科学探究的操作方法及操作技能上不必要求过高，这也不是教师指导学生开展探究活动的重点，而应当着眼于学生"基本科学素养"的提高。具体而言，教师指导下的科学探究应该是以学科领域中的核心内容为依托，把重点放在以下4个方面：①通过探究满足学生的求知欲；②通过探究获得对身边世界的理解；③逐步获得对科学探究本身及科学本质的理解；④通过让学生学习作为探究之本质的那些共同的方面，那些具有广泛迁移价值的、在学生生活中和走向社会后也能有所启示和运用的共同的方面，如科学探究的基本过程、科学思维的基本方法，培养学生科学思维能力、锻炼问题解决能力及合作与交流能力，培养学生的科学精神与态度等一系列与科学的本质及人的观念有关方面的素质。

三、高中化学教学中的合作学习设计

20世纪70年代初，美国学者提出了合作学习的概念，经过10年左右的发展，合作学习这一理念取得了实质性的进展，合作学习教育理念应用在教学过程中可以改善教学当中的社会心理气氛，有助于学生学习效果的提升，而且还能够促进学生形成更好的非认知品质。所以，这一学习理念很快吸引了世界当中其他教育学者的关注，它也逐渐成为重要的教学理论和策略。

合作学习理论依赖的基础是社会心理学、认知心理学、教育社会学等方面的学科知识，它主要针对课堂学习过程当中的人际关系进行研究，它使用的教学方式是师生之间的小组活动，最终对教学效果的评价也是以团体成绩作为基础的，这种方式改变了班级的社会心理气氛，可以整体对班级学生产生影响，有助于整体班级学生成绩的提升，有助于学生形成优秀的心理品质，掌握高水平的社会技能，可以说这一理论不仅具有创意，而且非常有效。

通常情况下，如果学习任务比较简单，那么学生可以通过自主学习完成，教师也可以使用全班教学的方式进行简单知识的学习，但是如果学习任务比较复杂，那么教师可以使用合作学习的方式，对于教学来讲，无论是小组学习、学生的自主学习还是全班教学形式的学习，它们都有自己独特的优势和作用，是没有办法相互取代的。教师应该参照教学任务、环境、内容等因素选择适合的教学形式，与此同时，教师还可以将不同的教学形式结合起来，通过不同教学形式之间的配合开发出更加多样的学习方式，获得更好的学习效果。

（一）合作学习的要素和特征

1.合作学习的要素

想要实现有效的合作学习，那么需要让合作学习涉及以下6个方面的要素。不仅如此，教师还要进行要素的精心设计，始终坚持合作学习理念的指导，这样才能为学生创造出更多样的学习方法，才能帮助学生全面成长。具体而言，合作学习的要素包括以下内容。

（1）混合编组。混合编组指的是将学生分成不同的小组时应该让每一个小组内的学生尽可能地各具特色，尽可能实现不同学生之间的优势互补，也就是说小组的学生是有自己独特个性的。

在合作的过程中，不同的成员需要进行频繁的互动，也需要不同的成员为彼此提供支持，分享信息、分享资源。混合编组的方式使许多学生聚集在同一个小组中，小组能够获取到的信息也更为丰富，学生之间可以形成更多鲜明的观点，这有助于小组成员的良好发展。

异质小组指的是小组中的成员存在鲜明的不同，如性别、能力、成绩、民族等方面，这些方面的不同使成员之间可以在能力上互补，一般情况下，合作学习小组中的人数为 4 个，包括学优生以及学困生，其他的两个学生基本是待等生。总体来看，所有的小组能力水平基本是相似的，每一个小组基本都是整个班级的一个缩影。与此同时，不同的小组之间存在高度的相似性，这样的组合为同学们的合作探究奠定了坚实的基础，不同小组之间的学生可以进行公平的竞争。

合作学习通常使用的是集体授课的教学形式，在授课过程中，整个学习小组是学习主体，这与传统的教学是不同的，合作学习的基础是小组学习，是小组活动的开展，但是传统教学过程当中使用的基本是集体授课的形式，每个学生是单独的学习个体。在我国教学过程中使用的合作学习方式基本涉及以下流程：首先，进行合作设计，确定合作的目标；其次，教师进行集体讲授，小组开展具体的合作活动；最后，进行结果的验收、结果的反馈或者修正。从这个步骤可以看出教师的集体授课是必不可少的，但是，又不能将合作学习中的集体授课和传统课堂中的集体授课进行等同，因为它们遵循的前提和基础是不同的，合作学习当中的集体授课时间比较短，信息量较多，注重于激发学生的探究心理。

（2）小组目标。合作学习是以目标为导向的小组活动，小组成员以共同的目标为指引共同进行探索，在小组合作的过程中，通过不同成员之间的分工合作、资料分享可以创建一个和谐的学习氛围。对于整个合作学习过程来讲，小组目标是凝聚所有成员学习动力的内在因素，是可以将小组学习力量凝聚起来的关键。

合作学习指出学习的过程是学生个体内部学习需要得到满足的过程，当学生的学习需要得到满足之后，学生会认为学习过程是有价值的，才会产生继续学习的动力，才会获得好的学习效果。在合作学习交流的过程中，不同的小组成员通过彼此的交流、观点的争论可以实现互教互学，可以在交流的过程中共同提高，可以说这个过程是充满了温情、充满了友爱的。它就类似于课外同学们举办的竞赛活动一样，同学们通过彼此的帮助为自己和同学提供学习方面的需要，在学习的过程中，学生有非常强烈的成就感、满足感、归属感。在小组讨论的过程中，所有人都有权利和机会来表达自己对问题的看法，表达自己的意见，也会听到他人的想法和意见，这有助于学生交往能力的培养，而且有助于学生融洽地与他人相处、与他人共同学习。在这个过程中，学生既可以获得愉快的交流体验，也可以获得知识。可以说，合作学习实现了学生认知、学生情感以及学生技能的同时掌握，合作学习有助于学生这三个方面的均衡发展。

（3）积极的相互依赖。积极的相互依赖表示同一个小组的学生之间已经形成了积极的相互关系，所有同学都有一个清晰的认知，那就是小组内的其他成员与自己是共同进退的，是荣辱与共的，在这样的思想认知下，所有的学生都会承担起自己作为小组成员的责任，会对其他成员的学习提供帮助。具体来讲，建立积极的相互依赖关系可从以下几个方面入手。

第一，积极的目标相互依赖。在形成小组的总目标之后，应该将总目标进行分解，让每一个学生都可以承担一个或者几个小目标，只有所有的同学都共同努力，才可能实现最后的总目标，所以，所有的同学都承担一定的责任，也不存在不同学生之间的竞争，这种积极目标的设定方式可以调动学生的积极性。

第二，积极的角色相互依赖。为了完成小组任务，所有的成员要承担各自的责任，但是不同的责任之间是存在关联的。也就是说，每一个同学在小组当中都扮演着一个角色，不同的角色之间又存在内在关联。例如，组长这个角色，他要负责所有活动的协调组织；总结人，他主要负责将小组同学获得的结论总结起来；检查者，他主要是检查小组成员是否能够准确地说出小组探索出来的结论；联络员，主要负责本小组与其他小组之间或者与教师之间的联络；记录员，主要负责整个小组讨论过程的记录，并且写成讨论报告的形式；观察者，负责观察整个小组成员参与活动的状态，必要的时候需要提出建议，提高整个小组的活动效率。在进行角色分配的时候，需要考虑到具体的小组成员数量，一人可兼二职。

第三，积极的奖励相互依赖。小组任务的完成取决于每个成员任务的完成情况，只有所有人都达到了任务要求，才算是真正完成小组任务。如果每个成员都可以达到要求，那么小组成员就可以获得奖励，这种以小组为单位获取奖励的方式加强了小组成员之间的依赖，有助于小组成员互相帮助，实现共同进步。

第四，积极的资源相互依赖。所有组员掌握的信息或者资料都只是一部分，如果想要取得小组活动的成功，那么必须在不同的小组成员之间进行资料分享或者信息分享。例如，在有限的时间内一份阅读材料不可能所有的成员都完整地阅读，在这样的情况下就需要将阅读材料分配给每个成员，然后通过小组成员之间的交流，所有人都可以了解材料当中的内容。

第五，积极的身份相互依赖。合作小组内学生具有的身份是相同的，他们使用同一个小组名称、同一个小组口号，这使得小组成员对小组有非常强烈的认同感、归属感，小组会形成更强的凝聚力。

（4）个体责任。个体责任指的是小组中的每个成员都必须承担自己作为小组成员的责任，只有所有的成员共同努力小组才能取得成功。教师需要让学生意识到自己对于小组活动的价值和意义，让学生意识到集体和个体之间的关联影响，要让学生形成责任意识，积极参与小组学习。

具体而言，可以从以下方面进行个体责任的构建：首先，团体规模应该偏小；其次，应该建立积极的角色依赖；再次，应该建立积极的目标依赖，小组在完成一个课题时，课题最终的质量水平取决于每个成员完成子课题时达到的质量水平，例如，如果小组的目标是完成环境污染报告，那么可能需要不同的成员分别负责不同方面的污染，最终形成一份集合了水、空气、噪声、光等方面的环境污染报告；最后，随机提问，在评价整个小组完成质量的时候，需要对小组当中的成员进行随机提问，这样获得的评价结果是最公平的。与此同时，这种评价方式也会督促小组成员积极地参与活动，如果不积极，那么被抽到提问的时候，可能没有办法回答老师的问题，可能会影响到整个小组的评价结果，换句话说，所有成员的表现都会对小组成绩产生影响，这种群体荣誉感带来的压力会促进所有的组员认真参与活动。除此之外，还可以使用个别测试，比如，随机找一个小组成员，让他对所有的同学介绍他们小组使用的活动手段、活动方式，小组进行的探索内容、最终获得的解释答案，通过这种随机找小组成员推导整个探究过程的方式，教师可以完成对整个小组探究过程的测试。

（5）积极相互作用。积极的相互作用指的是小组内部成员对彼此进行积极的鼓励。在合作学习过程中，学生的交流机会更多，交流方式更直接，也就是说，学生可以获得最大限度的知识认知，虽然学生在活动过程中承担的是不同部分的任务，但是在最终任务汇总的过程中肯定要进行多次的交流，在这个过程中，学生之间就可以发生积极的相互作用。

（6）小组自我评价。为了让小组合作学习活动始终有效，小组成员必须对小组活动进行定期的评价。小组自我评价的要素主要有以下三个方面。

第一，总结成功的经验。教师应该引导学生分析小组活动为什么可以获得成功，教师也可以把获得巨大成功的小组活动过程呈现出来，为其他小组活动的开展提供借鉴。

第二，分析小组活动存在哪些问题，并且分析问题产生的原因。教师要引导学生重视问题，并且找到原因之后积极解决问题。

第三，明确小组未来的主要发展方向、发展目标。在吸取成功经验、解决小组活动过程中的问题之后，小组应该为之后的小组发展、小组目标的确定提出具体的要求，并且确定以何种方式完成目标、达到设定的要求。

小组在自评之后，可以获得很多有助于小组未来发展的积极反馈，自评过程是非常关键的一个步骤，是合作学习当中不可或缺的要素。

2. 合作学习的特征

（1）组内存在差异，不同的小组之间存在相似。因为每一个小组成员的设置都是存在差异的，所以，从整体角度来看，不同的小组之间是没有存在或大的差异的，基本构成都是相似的。一般情况下，探究过程中，小组人数应该在 4～6 人，如班级人数较多，可以将小组人数控制在 7 ~ 8 人。一般情况下，以两个人为一对，组成四对开展合作学习。小组合作的学习方式对教学空间、教学设施没有较高的要求，基本在教室当中就可以实现。

（2）将任务分割，最后进行结果的整合。合作学习在开展的时候基本都需要全部成员的共同参加、共同努力。换言之，无论是内容的学习还是结果的获得，都需要成员之间相互依赖，当教师把学习任务分成不同的小任务时，所有的成员都可以获得固定的任务，这个时候作为小组成员必须承担起自己那一部分任务的责任。与此同时，还要和其他的同学分享任务的完成情况、完成结果。除此之外，"团体探究模式""共同学习模式"这些模式与合作学习基本是类似的，都是将任务进行分割，然后由不同的小组成员承担不同的任务，最后再将任务完成结果汇总。这种先将任务分割，然后再整合的方式，可以保证所有的学生都能够获得资源，并且都能够进行信息共享，在合作学习过程中，教师在最开始确定合作小组的规则之后，需要在各小组开展合作活动的时候积极介入活动，观察学生的活动状态，为学生的合作活动提供支持和指导。

（3）个人计算成绩，将成绩相加作为小组的总分。之前进行小组合作学习时，通常所有的活动是由学习水平比较高的学生负责的，但是，现在的小组合作学习要求所有人都必须完成自己的任务，然后将所有人的个人得分加起来作为小组的总分，与其他的小组进行比较，所以，小组成员为了不拉后腿只能激励自己，在平时多努力，同时，小组成员为了获得更高的分数，也会帮助小组内学习水平比较差的学生，这样就实现了所有人的共同进步。

（4）公平竞争，在合理的范围内进行比较。虽然小组合作一直强调学生之间的协调配合，但是，也不抵制同学之间的合理竞争。有的时候合作学习也会把原来的小组分配打乱，重新分成不同的测验组，用来进行竞赛。比如说，会把成绩比较好的学生放在一个组别当中，不同的组别设置不同的难度，每一个测验组中的成员获得的成绩都会对原来合作小组的总成绩产生影响。所以，即使是竞争的形式，学生也是会受到激励的，会形成昂扬的斗志，为了自己小组的荣誉积极表现。

（5）分配角色，让所有的学生都能够享受到领导和被领导的感受。例如，在不同的学科、不同的小组活动任务当中，学生的角色可以轮流互换，这样可以让所有的学生充分体现不同角色的职责和任务，可以锻炼学生领导小组、规划活动等方面的能力，通过角色的轮流互换，学生方方面面的能力都能得到锻炼，有助于学生的协调成长、全面发展。

（二）合作学习设计的主要模式

第一，学生团队学习模式，这种模式下，小组内的成员一般是 4 ~ 6 个，成员的个人学习成绩、性别、民族等都存在差异的，这种学习模式下，教师需要先给学生需要的学习材料，然后让学生通过小组的方式学习，教师会根据具体的学习内容对学生展开测验，在测验的过程中，所有的学生不可以相互帮助，教师会将他们本次的测验分数和之前的测验分数进行比较，教师会将学生这次的成绩与之前成绩之间的差距记作为学生的分数，最后将所有成员的个人分数相加在一起作为小组的最终得分。如果小组最终得分达到了教师设定的标准，那么小组就可以获得相应的奖励。

第二，共同学习模式，要求学生在 3 人或 4 人的异质小组中学习指定的作业。小组共交一份作业，教师依据小组的成绩给予表扬和奖励。其教学程序是：教师将教学目标具体化，划分学习小组并分配角色；教师就学习任务进行解释，特别强调小组的目标；学生在各自的小组中共同努力以达到小组的目标；教师或学生对学习成绩和小组活动进行评价。

第三，团体探究模式，一般分成六个阶段：教师确定将要学习的总课题；组织研究团体；研究团体成员共同计划活动，确定研究对象、程序、角色分工，自行分成 2 ~ 6 人的小组活动；小组开展调查和探究，个体收集、分析资料，相互交流信息和观点；小组向全班作报告；教师和学生合作，对探究过程和结果进行评价。

第三章　高中化学教学方法与技能分析

第一节　高中化学教学的方法构建

一、高中化学教学方法的分析

化学课堂教学方法是教师和学生为了完成教学任务、实现教学目标而采用的共同活动方式，是教师指导学生掌握知识技能、获得身心发展而共同活动的方法，是教师的施教活动、学生的学习活动，以及教师和学生相互作用和构建人际关系的活动，它关系到教学目标能否实现、教学任务能否完成以及完成的程度、质量和效率。目前，两种对立的教学方法是注入式和启发式。注入式是指教师从主观出发，将学生看成单纯接受知识的容器，向学生灌注知识，无视学生的主观能动性，教师仅仅是一个现成信息的负载者和传递者，学生仅能起到记忆器的作用。启发式则是指教师从学生的实际出发，采取有效的形式去调动学生的学习积极性，指导他们自己去学习的方法。启发式教学方法才是目前我们要求掌握的，特别是新的教学方法不断出现的"互联网+"时代更是如此，在此基础上出现了两种典型的化学教学方法，即化学实验启发教学法和化学多媒体组合教学法，但在应用化学教学方法时一定要有针对性和多样化，在此基础上实现最优化的教学方法。

（一）高中化学教学方法的类型划分

根据高中教学活动中学生的不同认知方式，将常用的教学方法分为 5 大类，具体如下。

1. 以情感陶冶为主的课堂教学方法

以情感陶冶为主的课堂教学方法是指教师根据一定的教学要求，有计划地使学生处于一种类似真实活动的情境之中，利用其中的教学因素综合地对学生施加影响的一种教学方法。情感陶冶为主的课堂教学方法的优点是改变了传统教学只重视认知、忽视情感的弊端，对培养学生学习动机、丰富生活体验、发展学生创造能力、培养学生高尚道德和审美情感都有重要作用。缺点是应用范围有限，更多的是作为辅助性教学方法使用。分欣赏教学法（对自然、人生和艺术等的欣赏）和情境教学法（创设一定的情境，引起学生情感体验，如生活展现、图画再现、实物演示、音乐渲染、言语描述等情境）。但化学新课程标准要求，今后在课堂教学中应该尽量从生活、生产和社会等方面去创设一定的情境进行教学。

2. 以语言传递为主的课堂教学方法

以语言传递为主的课堂教学方法最为广泛，主要包括以下几个方面。

（1）讲授法。讲授法指教师运用口头语言系统连贯地向学生传授知识、技能，发展学生智力的一种教学方法。可分为讲授、讲述、讲解和讲演四种。优点是可充分发挥教师的主导作用，在短时间内获得大量系统的科学知识，并能结合知识传授进行思想品德教育。讲授法要求内容要有科学性、系统性和思想性，要认真组织、系统完整、层次分明、重点突出、语言精练。讲述可用于讲述化学史，陈述组成、结构、性质、变化等；讲解用于分析化学事实，解释和论证比较复杂的内容等；讲演用于对某个专题系统介绍等，比较适合高年级学生。

（2）谈话法。谈话法指教师和学生相互交谈，以引导学生根据已有的知识经验，通过独立思考去获取新知识的一种教学方法。优点是能照顾到每个学生的特点，充分激发学生的思维活动，有利于发展学生的语言表达能力，并使教师通过谈话直接了解学生的学习程度，检查自己的教学效果，从而提出一些补救措施来弥补学生知识的不足，开拓学生的思维，使学生保持注意和兴趣。教师要做好计划，对谈话中心、内容和问题做好充分准备，问题要明确具体，善于诱导，结束前要进行小结。

（3）讨论法。讨论法指全班或小组成员在教师的指导下，围绕一个中心问题发表自己的看法和见解、相互学习的一种方法。学生要具备一定的基础知识、理解能力和独立思考能力。优点是通过对所学的内容展开讨论，学生之间可以集思广益、相互启发、加深理解、提高认识，激发学习热情，培养对问题的钻研精神，锻炼语言表达能力。教师主要是提出有吸引力的问题，明确具体要求，指导学生收集资料，引导学生围绕中心、结合实际自由发表，让每个学生有发言机会，结束前要小结并提出进一步思考的内容。

（4）读书指导法。读书指导法指教师指导学生通过阅读教材和参考书，以获得和巩固知识，培养学生自学能力的一种方法。指导阅读教材时应先让学生预习，为上课打好基础，培养学生良好的阅读习惯。参考书阅读有精读和泛读两种。读书指导法对培养学生的阅读能力，教会学生学习、发挥学生的自学能力有独特的价值。教师要明确目标、要求，给出思考题，教会学生使用工具，帮助学生学会阅读方法并用多种方法指导学生阅读。

3. 以直观感知为主的课堂教学方法

以直观感知为主的课堂教学方法具有形象性、具体性、直接性和真实性的特点，主要有演示法和参观法两种。

（1）演示法。演示法指教师通过展示实物、教具和示范实验来说明和验证某一事物和现象，使学生掌握新知识的一种教学方法。主要有实物、标本、模型、图片的演示；图表、示意图、地图等演示；电影、录像等演示。演示法体现了直观性和理论联系实际的教学原则。演示法要操作规范，引导学生集中注意力，发展学生的观察能力并分析归纳综合得出结论。

（2）参观法。参观法又叫作现场教学法，是教师根据教学目的和要求，组织学生进行实地考察和研究，使学生获得新知识，巩固、验证旧知识的一种教学方法。优点是能够使教学和实际生活生产联系起来，激发学生对知识的渴望和兴趣，扩大学生的视野，使学生直接接触社会，并从中受到教育和启发，同时培养观察事物的能力和习惯。参观前要根据教学目的和要求做好充分准备，参观时引导学生收集资料，做好记录，参观后组织学生总结。

4. 以实际训练为主的课堂教学方法

以实际训练为主的课堂教学方法是指以形成技能技巧、培养行为习惯和发展学生能力为主的教学方法。此方法的特点是使学生通过实践活动达到动脑、动口、动手，提高学生分析问题和解决问题的能力，并养成良好的行为习惯，具体有以下4种方法。

（1）练习法。练习法指学生在教师的指导下巩固知识，培养各种技能技巧的基本教学方法。包括说话练习、解答问题练习、绘画和制图练习、作文和创作练习、运动与文娱技能技巧练习等。优点是可以有效发展学生的各种技能技巧，对培养学生的意志品质有重要作用。此方法主要是明确练习的目的要求，方式要多样，注意学生基础知识的积累和基本技能的提高，进行及时的检查和反馈评价，培养学生自我检查的习惯。

（2）实验法。实验法指教师引导学生使用一定的仪器和设备，进行独立操作，引起某些事物和现象产生变化，从而使学生获得直接经验，培养学生技能技巧的教学方法。常用于自然科学的学科教学，如本教材的化学实验教学训练和科技活动训练部分。优点是可以将理论与实践相结合，有利于激发学生的求知欲、培养学生独立使用仪器进行科学实验的基本技能、严谨的科学态度和扎实的作风。此法要求认真编写实验计划，加强实验指导，做好实验报告批改和实验总结工作。

（3）实习法。实习法指教师根据学科课程标准的要求，指导学生运用所学知识在课内和课外进行实践操作，将知识运用于实践的教学方法，如数学中的测量实习、化学教育实习等。优点是有利于理论与实践相结合，培养学生运用书本知识从事实际工作的能力，有重要现实意义。此方法要求在教师指导下有目的、有计划、有组织地进行，教师要加强指导，实习结束后要指导学生写出实习报告并进行成绩评定。

（4）实践活动法。实践活动法指让学生参加社会实践活动，培养学生解决实际问题的能力和多方面实践能力的教学方法。此法要严格以学生为中心，教师只是学生的参谋和顾问，教师要保证学生的主动参与。

5. 以引导探究为主的课堂教学方法

以引导探究为主的课堂教学方法是指教师组织和引导学生通过独立的探究和研究活动而获得知识的方法，此方法称为发现法，又名探索或探究法、研究法。学生在教师指导下，对所提出的课题和提供的材料进行分析、综合、抽象和概括，自行发现并掌握相应的原理和结论。此法的特点是关注学习过程甚于关注学习结果，要求学生主动参与到知识的形成过程中。优点是能够使学生的独立性、探索能力、活动能力和创新能力在探索中得到高度发挥。教师要明确探究发现的课题和过程，严密组织教学，创造有利于学生发现的良好情境。

（二）高中化学教学方法的注意事项

高中化学教学方法多种多样，但选择时必须要有针对性和多样化，要采用最优化原则，注意情境性与启发性。可以根据学习动机的激发方法（创设新奇情境、成功情境，说明学习意义，提出期望要求，利用有效评价等）来选择合适的教学方法。在教学活动的组织和实施过程中要注意个别教学、分组教学、团体教学的使用与把握。在组织方式上要分清课堂教学、实验教学、电化教学等不同的组织形式，还要按照学生接受—复现、复现—探索、自主探索的认知活动方式进行选择。在教学活动中，内部活动方式主要有分析、抽象、综合、概括、判断、推理、比较、归类、论证等。而外部活动方式则有陈述、谈话、讨论、阅读、展示、演示、参观、实验、练习、实习、其他活动。在选择教学方法时一定要注意将内部活动和外部活动结合起来进行。

在使用教学方法时还必须进行教学活动的检查、反馈和调控。教学活动的检查方法主要有测验（口试、笔试等）、观察（练习、作业、表情等）、调查（谈话、问卷、自陈等）三种方式。反馈方式主要有评定成绩、作出评论两种。调控方式主要有教师控制、教材控制、机器控制、学生自控。过去的教学方法仅仅是教学活动的组织与实施，如今是多层次、多维度和多类型的复杂体系，必须合理地选择和优化教学方法。

二、高中化学教学的任务驱动教学法

凸显学生在教学活动中的主体地位，有机结合学生的日常生活和化学学科学习是任务教学法的明显特征。在教学过程中，通过创建与真实社会相关的教学情境，并由学生主动完成教师设计的教学任务，可以让学生既掌握新知识，又提升问题的分析、解决与整合能力，因而有助于激发学生的学习兴趣。

（一）任务驱动教学法的原则

任务设计是任务驱动教学方法中的重要环节，任务直接影响教学效果。因此，任务设计非常关键。任务设计得适当能诱发学生深思，使学生很快进入思维的状态中，使任务顺利地进行。高中化学教学中任务设计的原则具体如下。

第一，明确教学目标原则。任务的目标要明确。在设计任务的过程中，要有一个明确的目标，这样才能有的放矢。一个目标的完成，需要很多的知识点，这时可以把总体目标分化为一个个的小目标，并且把每个小目标设计成为一个个子任务，使其容易掌握，再通过这些子任务来体现总体目标。

第二，符合学生特点原则。因为不同的学生接受知识的能力不一样，不同年龄阶段的学生接受知识的能力也是有差异的，地域差别、学校差异等因素也导致了学生的化学学习能力的差异性。设计任务时，要从实际出发，充分考虑学生的现有文化知识、认知能力、年龄、兴趣等特点，遵循由浅入深、由表及里、循序渐进的原则，注意分散重点、难点，根据学生已有的知识经验展开教学，尽力体现"以教师为主导、以学生为主体"的教学策略。对新的知识或有难度的任务，教师要先进行必要的讲解与点拨；对基础较差的学生，开始时应布置一些简单易实现的任务，让他们体验到一定的成就感，培养其学习化学的兴趣。教学设计要为学生留有活动余地，应具有一定的完整性，便于培养学生的综合应用能力。同时，要处理好任务之间的联系，不要孤立地设计任务，以确保教学的连续性和系统性。

第三，贴近真实性原则。教师要创设出与当前主题相关的、尽可能真实的学习情境，引导学生带着真实的任务学习，使学习直观化和形象化。任务应来源于实际的学习和生活，是学生熟悉的日常学习和生活经验。这样有利于运用学生的已有经验，唤起其学习兴趣；同时，有利于改造和拓展学生的已有经验。所谓贴近学生学习和生活经验包括两种可能：一是利用学生已有的学习和生活经验来教学；二是将化学知识应用于解决学生学习和生活中的实际事例。设计任务时可以根据需要，有针对性地选择这两种"贴近"方式。

第四，遵循可操作原则。在化学学习中，学生亲自做实验得出结论比听教师讲、看教师示范要有效得多。教师提出问题后，让学生通过自己的探索去尝试，最后完成任务。设计任务时，一定要注意任务的可操作性，要设计出只有通过亲身实践才能完成的任务。当然，任务不能太难，如果学生经过一定努力也难以完成，这样会让他们对化学学习失去信心。任务也不能太容易，如果让他们感觉化学太简单，也会对学习失去应有的认真。

第五，注重方法的渗透。设计的任务要给学生留白，给学生充分创造和发展的空间，并使学生能举一反三、触类旁通，思维得到发展。同时，任务的设计要注重渗透方法，培养学生的能力。

（二）任务驱动教学法的阶段

任务驱动教学法以完成任务作为教学的中心，围绕学生学习任务进行，教师的指导和课堂教学也围绕着任务进行，其教育主线是"提出任务—分配任务—完成任务—评价任务"，由此可以将教学过程分为以下四个阶段。

第一，提出任务阶段。任务驱动教学法的第一步是分析教学内容，第二步是根据教学内容设置合理的教学目标。获取知识不仅仅是靠教学目标来实现，还要结合三维目标——知识与技能、过程与方法、情感态度与价值观。然后，把大目标细分为小目标，再根据每个小目标制定相对简单的子任务。学生在学习过程中，通过简易化地实现每个小目标最终达到总的学习目标。任务中的第一个任务就是实现目标的切入点。在设置切入点时，应该从实际出发，贴近生活的同时能够更易被学生接受，也更能激发学生学习的积极性。

第二，分配任务阶段。任务是任务驱动教学方法的核心，其教学活动都围绕任务进行。教学需要保障学生的参与感。由于不同的学生学习能力不同，因此在提出任务之后，他们所要解决的问题层次也不相同。教师应将任务分配给具体的小组或个人，将任务细化，进而让每个学生都明确自己的学习任务，不断培养和激发他们的创造力和想象力，从而增强学生参与课堂活动的积极性和主动性。所以，在任务分配时，教师应遵循互动原则，让学生能够在一个良好的学习氛围中互相交流与帮助，进而促进学习。

第三，完成任务阶段。在学习任务都明确后，教师应该给予足够的时间让学生进行思考，并且发挥好引导和协助的作用，给学生提供完成任务所需的材料和工具，引导学生循序渐进，不断突破自我，在设置实践过程中也应该科学严谨。当学生完成任务后，教师应该引导学生交流沟通，发散思维，培养创新能力和探索精神。

第四，评价任务阶段。任务评价也是任务驱动教学中不可或缺的一部分，教师对学生完成的任务应该及时作出评价和积极肯定，因为学生都希望得到荣誉和肯定。在评价过程中，教师不能只注重结果，也就是任务完成的好坏，而是更应注重学生学习的过程。在教师的引导下，学生能够在回顾的过程中发现问题，从而解决问题，加深对知识点的掌握，在一定程度上能够提高学生综合解决问题的能力。

三、高中化学课堂的情境教学法

情境教学法[①]是人为的情境活动，由教师创设，以满足学科教学要求和学生能力提升的要求。

（一）新课标视域下的高中化学情境教学法

我国对于情境式教学研究开展多年，但在高中课堂实施的过程中仍存在较多的问题，在新课标实施的今天，新的化学书中很多知识点素材较少，情境构建并不完整。伴随着我国综合国力的提升，人民不但在物质上的需求提升，作为国家发展的基础重中之重的

---

① 情境教学法是指在教学过程中，教师有目的引入或创设具有一定情意的生动具体的场景，以引起学生态度体验，从而理解教材和知识，实现教学目标的教学方法。

教育，其需要持续且不断地革新。当前，我国教育部门不再只关注课程的三维目标，而是更加追求核心素养，此外，课程标准还着重学科的科学主要性和时代先驱性，追求位列于时代前沿的一手学科信息，教学的目的也不再是简单的知识点掌握，而是关注学生的全面发展，培养具有核心素养的新时代青年，要求从生活实际出发，在知识中加入符合现代生产生活的实例，满足学生学以致用的需要，为后续的培养做铺垫。当前，新课标提倡化学教学基于学科的课时和学科的主题去设计，将整个知识体系完整构建，不能以偏概全，局限于知识的一小部分作为代表进行教学。正因如此，情境式教学法更应大力开展，广泛运用，深入运用，而不是流于表象、浅尝辄止，要深入方法内部，透彻了解每一个环节，以及相关利害。从新课程标准给出的建议中看，笔者认为高中化学教学过程中一定要联系实际，从真实的、学生都了解的情境中来，到相关的知识点中去，这样学生才能更快、更轻松地掌握知识。

1. 基于新课标的情境教学法创设原则

基于新课标的情境教学法创设原则一般包括以下内容：

（1）理论联系实际原则。理论联系实际原则指导情境式教学法实施过程中，情境的出现需要与之相对应的场景，中小学生的心理发展同物种进化一样，是一个从简单化到复杂化的延伸、从量变产生质变的转化、从低级物种到高级物种的进化过程。所以，教学过程在设计的过程中就要符合高中生发展规律，同时在教学开展时要以理论为基础，在此基础上还要注重联系实际。

（2）启发性原则。启发性原则出自孔子的著作《学记》，书中曾云："不愤不启、不悱不发。举一隅不以三隅反，则不复也。"意思是在教学中教师要做到以学生为主体，教师是主导者，教师用自己的讲述来获得学生的认同，进而使学生产生学习兴趣，发展学生主观能动性，自主学习，举一反三。教师在采用情境式教学法教学时，因其过程是使用情境将学生带入到知识中，以此提高学生的学习兴趣，所以要以启发性作为实践过程中的指导原则。但重点在于，运用情境时如何达到更方便、更快捷、更能引发学生兴趣的程度，这是我们高中教师需要注意的重点之一。

（3）系统性原则。系统性原则又称为整体性原则，基本含义为将教学的内容方法及对象归为一个整体，在教学过程中注重整体性，不能厚此薄彼，要平均优化教学的每一方面，并以此作为标准，协调内部间各部分，使之充分统一。课堂教学过程中主要手段是通过选择教材，使知识具有系统性，情境式教学法冲破教材阻碍，在教学过程中融合情境，使之与教学内容相互结合，如同块精密的钟表中不同的零部件，使钟表准确运行，这样情境式教学法才能和课堂完美融合。

（4）因材施教原则。因材施教原则，出自孔子的《论语·先进篇》，当孔子面对家境、出身、所受教育程度不一样的学生时，其教学方式也不一样。由于每一个学生都不尽相同，每个学生在认知、感官、智商等方面都有着差别，所以统一的教学过程并不适用于每一个学生，教师的目的是要让每一个学生都可以在自己接受的环境中学会知识、习得技能。情境式教学法课堂是活跃的，对于教师给出的情境，学生可以发散思维，产生自己的看法，不再取决于教师的主观看法，每个学生各抒己见，课堂的多样性随之体现，这也是一门课好坏与否的重要评价标准。

（5）趣味性原则。趣味性原则教学过程中氛围轻松愉快，学生能在学习的过程中感受到乐趣，乐于求知，这样的课堂一般通过教师多样的教学手段，风趣幽默地表现出来的，学生学起来并不觉得枯燥，趣味性教学可以让学生学到知识、提高学习动机，让学生对老师以及老师所教的科目感兴趣，从而喜欢上这门学科。实施情境式教学法时，选择情境就需要考虑到情境的生动有趣性，增加这样的情境更能体现寓教于乐的观念。

2. 基于新课标的情境教学法创设功能

依据上述原则，情境式教学法的主要功能如下。

（1）从实际出发的教育理念。最新的教育观念中提到，教育实施过程中需要具有学科的科学主要性和时代先驱性，教学目标需要符合学生发展规律，培养学生的学科情感，为了应对教育改革的需要，情境式教学法诞生，该教学法强调创设情境需要从学生身边生活入手，让学生学习相应的生活知识，不再出现为学而学、学完之后知识无用武之地的局面。

（2）学生积极探索。教师作为引路人，只是起到主导作用，教育必须以学生为主体，将学生放在中心的位置上，在教学过程中严禁为考试而学习的应试教育思想。情境式教学法实施之前，教师要在教学过程的设计中体现对学生的了解程度，根据学生的不同情况设计出不同的教学方案，设计出符合该班、该生的教学过程，这样才能更好地适应学生，让学生充分学习每个知识点。

（3）合理安排教学活动。好的化学课评价标准，在于教学活动中活动的安排是否合理，是否做到教与学的相互统一，不应该轻教重学，也不应该轻学重教，一门以实验为基础的课程，学生实验作为活动的一种表现形式，必然要充分把握，合理安排。所以，情境式教学法在实验课程中的情境安排，更要符合学生的发展，使学生能够在情境的烘托下，更好地进行实验，实验、知识点、情境三者合而为一，达到"1+1 > 2"的教学效果。

（4）关注学生的差异性。在情境式教学法实施过程中，教师所创设情境不仅要符合当时的教学内容，更要与每一位同学的情况相吻合，教学过程需要考虑到学生之间的差异性，对于出生在不同地区的学生，因环境及家庭的影响，学生之间也有着差异，教师应该注意到这些，并在课程设计中考虑。情境的设定必须是所有学生都了解、知道的，夏虫不能语冰，作为一名教师了解自己班级的每一个学生，根据学生已有知识水平构建情境，这样才能发挥出情境式教学法的优点。

（5）营造风趣幽默的课堂氛围。情境式教学法在实施过程中加入具有趣味性的情境，可以极大地调动学生的积极性，使学生十分自然地参与到课堂活动中来，在情境的熏陶下，课堂也随之活跃起来，学生思维呈网状展开，情境随之变为学生能够感受到的背景，学生融入其中，学习氛围足够热烈，学生愿意学习。

综上所述，情境式教学法在教学过程中需要遵循五大原则，即理论联系实际原则、启发性原则、系统性原则、因材施教原则、趣味性原则，这对教师是一个不小的考验，需要在教学之前制订好教学计划，充分准备教学情境，以此实现情境式教学法五大功能，让学生从实际出发，自主探究，在教学活动中担任主体，在轻松愉快的氛围下更好更快地学习。

（二）高中化学课堂情境教学法运用的原则

1.学科逻辑性的原则

如果设计的情境不考虑学科体系，那么化学的逻辑魅力就会降低，学生的大量记忆被迫从意义记忆转向机械记忆，分析变成了辨析，这就构成了学生的另一种新的精神负担。在创设问题情境时，要注意情境设计的一贯性，应尽可能设计科学的、有梯度的、有层次的问题链，考虑好问题的衔接和过渡，用组合、铺垫或设台阶等方法提高问题的使用效率。

2.遵循有效性的原则

导致小组讨论无效的原因有多种，比如：知识本身缺乏探讨的意义；演示作用和对角色认识不清；学生对问题的理解和表达对班级没有太大的意义；缺乏教学道具，无法开展协作等。设计学习活动时，要充分考虑互动性和连续性。科学探究的教学活动具有知识性，要赋予挑战精神，不能只是重视活跃气氛，活动与活动之间要有较强的联系，不能随意安排、毫无关系。因此，活动要逐层深入，利于学生接受和参与。

3.把握新颖性的原则

情境认知理论表明在特定的情境中，学习和思维才有意义。如果失去了特定的情境，那么思维、认知和学习就无法发挥应有的作用和意义。有效的情境设置包括三个方面：充分调动学生学习的主动性和积极性；教师教学的时间、师生互动情况和物力损耗与学生的学习效果呈正相关；培养学生的情感并树立正确的价值观。

学生只有积极解决问题，才能在实践中学习和进步，例如，美国教育心理学家梅里尔发表《首要教学原理》一文，提出五星教学标准：教学内容要以实际情况为基础；要复习和巩固已经学习过的内容；除了要讲解课本资料学习内容，还要联系实际进行适当拓展；做习题或解决问题时，要用到课堂上讲的知识和技巧；鼓励学生将学到的知识在生活中运用或者观察生活中相关的事件或现象。

设计教学情境时，要采用学生感兴趣的、复杂的、真实的项目；提供多种感觉的表征；运用时事、家庭、历史、故事、传奇事件、比喻等，帮助学生形成关联性；考虑整个物理环境；形成社会关系以及共同体的归属感；问题情境要尽量直观化和形象化。

4. 激发学习动机的原则

与数学、语文、英语等基础学科一样，化学既是实用性更强的基础学科之一，同样也是人文综合素养的重要内容之一，与数学、物理等学科共同成为自然科学迅猛发展的基础。化学的核心知识已经在自然科学的各个领域得到很好的应用和实践，例如，万物始于元素、质量守恒、动态平衡、异电相吸等，是创造自然、改造自然的强大力量。同时，化学与其他学科相互交叉与渗透，使生物、电子、航天、地质等新兴科技产业得到了跨越式发展。随着技术的进步和信息的传播，化学已经不再单单是一门知识，而是已经成为一种科学、严谨、理性的态度和思想。因此，在实际教学中，积极导入自主探究式学习方法，更是培养学生科学思维和理性想法的重要过程。

5. 注重共同经验的原则

随着教学进程的推进，学生头脑中的知识积累和思想沉淀都会增加，同时，这些知识的累积和思想的变化呈现出与日俱增的发展变化中。新知识的增加往往意味着旧知识的被遗忘，这是现阶段学生学习的普遍状态。因此，以学生已有知识为基础，开展新知识的吸收、感受新旧知识的碰撞与融合十分重要。开展有意义的学习须满足两个条件：首先，学生需具备自主学习、乐于学习的积极性和主动性；其次，学习材料中的新内容需与学生头脑中已形成的知识结构和思想脉络具有某种潜在的内在联系。

学习情境的创设为学生学习提供搭建知识体系的有利条件，但学生学习成果的重要影响因素还在于学生自身。因此，要以学生现有的知识体系和思想水平为基础选择情境素材，使新知识的教学过程发生在学生的最近发展区内。同时，要密切结合学生现实生活体验，充分激发学生的学习兴趣，使学习过程更加具有主动性。

6. 激活课堂气氛的原则

科学探究不仅能够传授知识和技能，还要关注学生对教学活动的体验情况，选择合适的教学方法，关注培养学生态度、情感和价值观。要想达到科学探究学生的教学目标，相比接受式学习，教师要付出更多的精力和时间。教学之初，学生的知识结构和认知状态都与科学探究的教学目标有很大的差距，教师要激发学生的学习热情，鼓励学生积极主动地学习，培养学生对学习的兴趣，让学生以自主的学习状态代替被动接受的学习状态，让学生鼓起勇气敢于接受新的知识和新的挑战。因此，要让学生对学习产生浓厚兴趣，让学生愿意去学习，这样才能持续探究学习。

（三）高中化学课堂情境教学法的能力培养

1. 注重化学阅读能力的培养

化学阅读能力包括对信息接收、吸收和整合的能力。处理化学信息的能力具体有：①熟练掌握化学的基础知识，能够将知识背诵、辩论和分析的能力；②通过观察生活中的具体事物、模型、实验现象、图表或者图形等，获得感性知识或者深刻印象，还能够具备对以上知识加工处理、吸收和记忆的能力；③具备知识的整合能力，通过做练习题，分析相关的化学知识，将知识分类整合以及总结，获取新知识的能力。

化学阅读涉及面较广，从阅读材料不同的角度出发，将化学阅读分为四种：①课本教材阅读，阅读的内容以化学教材内的知识为主，知识呈现的主要形式是文本形式，包含定义、概念、相关资料和拓展内容等；②实验阅读，在实验操作过程中，阅读化学实验的目的、实验相关仪器和试剂、实验操作流程图、实验装置、实验试剂反应原理以及实验现象的总结等；③图形、图表等资料的阅读，阅读化学材料或者辅助材料中对知识总结、归纳、概括和解释的图形、图表和实验流程图等；④试题阅读，这种阅读能力需要以上三种阅读能力作为基础，化学试题中涉及化学定义、概念和原理，学生通过分析，理解题目的含义和隐藏条件，分析出有效信息后，用化学语言解答题目。

教师要结合化学学科的特点，培养学生的阅读能力，化学知识点重在理解，学生要先理解再记忆，切记不能死记硬背。因此，对于化学概念或者定义来说，教师要指出关键词，形象地向学生解释概念或者定义，引导学生思考并进一步理解概念或定义，培养学生的分析理解能力和阅读习惯，实现高效和高质量的学习。教师可以通过以下5种方法培养学生的化学阅读能力。

（1）明确阅读要求。要求学生在阅读过程中，标出重点和难点，反复阅读，多次分析，将知识融会贯通，用不同的方式标记自己不会的和难以理解的知识。强调学生的自主阅读，而不是简简单单地完成阅读任务，此外，通过反复分析理解，学生能够解决阅读中遇到的问题。学生阅读实验流程图和实验装置说明时，要清楚阅读内容，明白实验原理和背景知识，明确实验条件和要求，厘清实验步骤，明确实验需要的试剂、药物和仪器，分析总结实验现象。

（2）控制阅读的时间，把控阅读的节奏。在每次课堂教学时，教师应该留出阅读时间。学生的阅读时间应该是教师阅读时间的1.5倍甚至是2倍，这样可以保证学生有充分的时间阅读和分析相关内容，能够培养学生的阅读习惯。学生的阅读时间不是一成不变的，教师还可以根据教学内容的多少和难易来统筹安排学生的阅读时间。

（3）引导学生自主思考。教师要根据学生的阅读情况，选择合适的时机进行阅读提示。概念或者定义阅读时，教师可以建议学生区分概念或者定义中字与词的区别，抓住概念或者定义的关键词，有利于学生理解和掌握；阅读理论图时，教师可以建议学生抓住与概念相关的内容，应让学生要抓住细节，阅读过程中不能马虎，有些知识点虽然不起眼但却很重要。

（4）粗读与精读相结合。阅读包括粗读和精读两种方式。学生通过粗读的方式可以熟悉知识的轮廓，通过精读的方式分析理解和记忆新的知识，复习以往知识，夯实化学理论基础知识。教师应当教会学生何时使用粗读或精读，什么内容应该使用粗读或精读，以提升学生的阅读能力和阅读效率。在学生阅读前，教师要提示学生先选择阅读方式。

（5）开展课外阅读。课外阅读有利于化学学习，应该大力开展课外阅读，培养学生课外阅读的习惯。教师可以安排学生课外阅读，并指导学生如何课外阅读，向学生推荐与课本知识相关的科普读物或者杂志，通过拓展阅读能够开拓学生的视野，让学生学习更多的化学知识，有利于学生理解并深化课本知识。

2. 注重解题思路能力的培养

在试题中挖掘有效的信息和相关的内容，然后与学习的知识相对应是化学信息处理能力的重要体现。换言之，学生要抓住题目中的重点信息，挑取有用信息，与已学过的知识相联系，在解题过程中学习新的知识，巩固旧的知识，积累解题经验，提高解题能力。

部分同学仅凭记忆就可以应对考试，并能取得不错的成绩。学生和教师都秉持熟能生巧的观念，通过题海战术巩固学生的知识和培养学生的解题技巧，但是无法培养学生的学习能力，这样的学习方法不适应高中的学习环境，高中教材知识多、内容更专业，试题不仅难而且灵活多变。除此之外，学生还要进行学业水平测试，学习的负担很重。因此，如果还是仅凭记忆是不能适应高中化学学习的，教师要重点培养学生的学习能力。

做题的重要作用是学生通过解答试题将已学过的知识和新知识相整合，既巩固了旧知识，又学习了新的知识。教师要从以下几个方面着手培养学生的解题能力。

（1）精选例题，示范讲解。教师需要充分利用有限的课堂时间，通过精讲经典例题来吸引学生。学生高度集中精力的时间一般为 20 分钟，要让学生充分利用。因此，教师要选择经典的题目进行详细讲解，详细分析试题中化学变化的整个过程，包括发生、变化和结果，分析题目中的隐含信息和提示信息，用多种方法来解决试题，让学生学会举一反三。教师还要指出试题中的易错点，哪些点容易设置陷阱，可以改变题目中的条件让学生重新作答，让学生感受这些条件的重要性，拓展学生的思维，达到举一反三的目的。

（2）分层练习，适时考试。学生通过练习可以巩固课上学习的知识，发现自己存在的问题，教师可以通过考试来检测学生学习情况和能力水平。教师以单元为单位，每学完一个单元或者进行阶段复习后，通过测试检测学生的学习情况和教学存在的问题。有的学校采用月考的考试制度，教师依此出题，因此，教师要把握好出题的难易程度。一般而言，一张试卷中的难题、中等难度试题和简单题的比例为 2∶5∶3。月考的目的是了解学生的学期情况，发现当前教学问题，因此试卷的难易比例要适当，不能以难题、偏题或者怪题为主。学习是循序渐进的过程，要从易到难，通过做简单试题来巩固知识点，只有掌握了知识点，才能解决难度大的试题。学生可以从做容易题中建立信心，享受学习的快乐，这样学生才会有信心、有兴趣地继续深入学习，还可以从容易题中学习基础知识，培养自己解决问题的能力，一味做难题不仅不能掌握知识，还会打击学生，增加学生的心理压力，导致厌学情绪。除此之外，学生经历了多次考试，积累了考试经验、应试技巧，并培养了学生的时间意识。

（3）教师及时指正，学生自我反思。教师要认真分析学生练习和考试的成绩，根据学生的答题情况给予相应反馈，有针对性地讲解，让学生知道自己错在哪里、错的原因、哪类知识点没有掌握，让学生通过练习和考试了解自己的学习情况，再根据教师的指导反思，认真分析错题，重新复习知识，达到温故而知新的效果。学生还要认真分析题目，找到题目中的隐含信息和提示点，寻找多种方法来解答题目，培养自己举一反三的能力。

错题本是众多分析错题方法中不错的方法，学生将错题记在错题本上，写上自己错误的原因，分析自己为什么错误，有利于自我反思，能够很好地提高学生的成绩；除了错题本，学生还要建立例题本，将教师选择的经典例题记录在例题本上，同时，还要写上例题的分析方法以及自己对例题的感悟。这个过程有利于学生将新知识和旧知识串联起来，形成自己独特的答题思路，提高学生的学习能力。

3. 注重感性认知能力的培养

感性认知能力的培养即利用实验情境培养感性认知能力。罗伯特·加涅获得由美国心理学会颁布的桑代克教育心理学奖和杰出科学贡献奖，他的主要贡献是将学习理论研究的成果与教学设计结合，他提出了经典的信息加工的学习模式。信息加工的学习模式本质是学生在学习过程中，对知识进行内部加工处理。教师要以学生的内部加工过程为前提进行教学设计，并对学生的内部加工过程有积极的影响。外部学习条件就是学生所处的学习环境，是与学生自身内部的知识和能力相对而言。教师可以通过有效途径改变学生学习的外部条件，教学的过程就是教师统筹安排和改变外部条件的过程。外部环境其实就是学习情境。学习和记忆相通，因此，记忆的过程是从感性认识到理性认识的渐进过程。

这种学习模式鼓励学生观察真实事物、实验现象、图形、图标和模型，有利于学生获得感性知识，通过对感性知识的加工处理、吸收、记忆和储存，将感性知识转变为理性知识。这一过程需要以观察能力为基础才能实现。

化学教学中最真实的情景就是实验，学生实验观察能力能够反映学生整体的观察能力。学生能够从实验中学到丰富的直观和感性的知识，因此，教师要引导学生认真观察实验，分析实验中蕴含的理论知识。归根结底，观察是主动、有计划、有目的的直觉。要从以下 2 点入手培养学生的观察能力：

（1）指导学生观察，掌握实验现象。学生在观察实验时会出现本末倒置的情况，实验现象的新奇会激起学生的兴趣，但是学生的观察点却发生了变化，学生的注意力不在学习实验现象背后的知识，而是在于实现现象很有意思、很好玩。因此，在开始实验前，教师要向学生提出实验要求，明确观察要素。教师要向学生明确实验目的和要求，让学生带着问题或目标去观察实验，这样才能使学生真正地学到知识。

除此之外，教师还要制订实验学习计划，让学生全面观察实验现象。学生通过实验观察获得直接的感性知识，学生通过加工和处理这些感性知识，最终转变为理性的知识。同时，感性知识还能够启发学生思考，让学生透过现象看本质，通过观察实验现象来巩固已学过的知识和学习新的知识，有利于学生开拓视野、发散思维。

（2）启发学生思考，将感性认识转化为理性认识。观察是人每个器官对周围事物进行知觉和观察，利用思维建立概念、研究分析现象、存储信息的一种心理行为。通过观察能够将感性知识加工处理为理性知识。不观察就不能获得直接的感性知识，无法加工处理成为理性知识；假如仅仅观察表面现象，不深入分析和思考，那么就无法将短时记忆转化为长时记忆，又由于人的脑容量有限，短时记忆就会被新的记忆所替代，以前的学习就等于零。因此，学生获得感性认识后，需要根据实验的目的来确定有用和无用的现象，舍弃无用现象，留下有用现象，并且进一步加工处理和分析思考，将实验中的假设、推论、验证和综合等融合到一起，这样学生就能够充分认识客观事物，有利于感性知识转化为理性知识，并培养学生理性的观察能力。

四、高中化学教学的研究性学习法

在新课改的影响下，高中化学课堂上使用研究性教学模式已经逐渐成为培养学生实践能力以及创造性的主要方法。研究性学习简单而言就是指学生在教师的指导下凭借自身的兴趣爱好以及学习条件挑选各种各样的研究课题，以此来激发出高中生的自主学习能力，进一步培养他们的学习积极性与创造精神。这样的教学方法可以不断提升学生课堂主体性价值的发挥，更多关注学生的内心活动，促使他们掌握主动权，并站在学生的角度思考他们的逻辑思维方式，以此来建构属于自身的学习方法，从而很好地完成教学目标。

化学科目的学习以实验操作为基础，这一科目主要研究物质的转化特点以及物质的属性。把研究性学习模式有效应用到化学实验操作中，可以有效将高中生的自主学习能力展现出来，开发出适合学生整体的综合素质。研究性教学方法可以有效弥补传统教学方法当中的教育不足，培养高中生拥有良好的学习态度以及学习精神，进一步加强高中生的动手操作能力，提升学习积极性，使他们能够运用自身所学知识来处理生活中的问题。但是我国当下高中化学教学过程中依然存在许多问题，对高中化学教学成果具有一定的不利影响。随着我国新课改教学模式的大力推进，自主探究性学习、动手操作能力以及合作沟通的教学理念获得进一步推广。而研究性学习模式刚好符合新课改的教学需求，对其教学方法实施探讨，可以有效提升高中化学教学效率与学习质量。

受应试教育的影响，部分高中化学教师的教学模式都是以获得理想成绩为目的，也就是在高中化学教学课堂上倡导主动学习，但是不能有效融入新课改教学理念当中，探究性学习以及自主性学习不足，导致无法真正提高学生的创造性学习能力。大部分教师无法结合学生的真实需求开展针对性的指导课题研究，无法形成综合性指导的真实教学要求，除此以外，由于教学理念不够科学，忽略了培养高中生钻研分析能力的现状。

（一）高中化学教学研究性学习法的作用

研究性学习以提高学生实际能力以及培养他们的创造性为特点，能够在化学科目中合理地应用，对优化高中化学教学过程中的教学不足、素质提高、更新化学科目教学方法以及培养新式师生关系具有非常重要的影响。

1. 提高学生学习能力

研究性学习方法与过去应试教育模式有很大的不同，应试教育是学生处于被动位置进行的学习，而研究性学习方法是开放的，更加注重学生的整个学习过程，一再强调他们自主动手真正参与到实践当中。学生在积极探索过程中可以有效培养自身的动手能力、团队合作能力，提升创新思维，掌握解决问题的技巧，形成正确的人生价值观，以此来学会使用综合性学科知识。学生能够真正成为课堂中的主体，带着探究热情实施化学科目的研究性学习，不断提高自身的整体素质以及学习能力。

2. 建立新式的师生关系

在开展研究性教学过程中，教师优化了过去传统的教学方法，课堂上教师不再是主体，而是引导者以及促进者。化学教师将教学目标明确以后，指导学生实施课堂教学内容的有效探索；学生在课堂中发挥主体作用，积极融入课堂进行自主钻研。教师需要发挥出自身的主导性作用，对学生的学习实施方向性指导，在这样的课堂教学中，教师与学生是民主、平等的一种学习关系，一起完成化学课堂的研究。

3. 优化学科教学方法

在传统的高中化学教学课堂中，学生处在被动的学习位置，对课堂知识的学习积极性非常低。而使用研究性学习方法能够促使学生脱离这种被动学习位置，教师可以将化学知识与社会生活实践有效融合在一起，将真实生活情境引入课堂中，不断丰富课堂教学内容，以此来提高教学质量及教学效率。而且这样的教学模式非常适合新课改的教学模式，有效优化传统教学方法，与此同时也能够为课堂教学的实施创造更多的选择性，营造出有助于学生整体进步的教学环境。

（二）高中化学教学研究性学习法的运用

1. 创设和生活融合的教学情境

高中化学教师在课堂讲解知识过程中，应当将研究性学习方法和现实生活融合，设置教学重难点和教学目标，以显示热点话题及社会事件的真实案例，打造轻松、愉悦的学习环境。设计难度不一样的问题来指导学生通过真实现象深入挖掘事情的本质，有效帮助他们掌握与理解知识间的紧密关联性，进一步提高学生处理问题的能力以及分析问题的本领。

例如，高中化学教师在讲解"硫和氮的氧化物"这一课时，就可以在课前导入环节中使用多媒体辅助教学，播放有关酸雨的照片或者视频，并指导学生思考：酸雨对我们的现实生活有哪些危害、酸雨的成分有哪些等。最后教师在多媒体设备上展示出酸雨对空气的危害、二氧化硫中毒照片，让学生分析产生这一现象的主要物质有哪些，然后把话题指引到二氧化硫，以此来进行"硫和氮的氧化物"的研究。举这些例子就是创设情境，融合现实生活情况，快速把学生注意力带入课堂中，促使他们能够积极、主动地进行思考，以此来提高他们的自主学习能力。

2. 开展多种形式的研究性教学

高中化学教师在传授知识过程中，应当根据教学知识点采用调查分析法、实验探究法以及专题讨论法指导学生实施学习。例如，高中化学教师在讲解"氧化还原反应"这一知识点时，由于学生在初中时期就已经学习过得氧失氧、电极反应分散以及电子得失的知识点，所以，教师在讲解本堂课程的知识点时，就可以通过专题讨论式的教学模式来实施研究性学习。把班级中的学生分成几个小组，提前设计出详细的学习目标和学习要求，给学生留下充足的时间去准备，让班级中的所有学生都融入学习中，并鼓励他们勤动手、多表达，把分散的知识点进行串联，寻找到知识间的内在联系，积极、主动地打造出适合思考的学习气氛。

3. 培养学生使用正确学习方法

化学教师在开展研究性学习的时候，要注重培养学生掌握正确的学习方法，因为错误的学习方法将促使学生不断陷入被动的学习位置。在学生掌握基础学习内容的前提下，根据学生的认知特点来挑选与之相符的教学资料，这样的教学方法更容易让学生接受，在掌握旧知识的情况下学习新知识。化学科目是科学知识与使用方法紧密相连的，掌握正确的学习方法能够达到事半功倍的效果，所以，在学习知识过程中，应当挑选科学、合理、有效的学习方法开展学习。在学习化学知识时需要发挥出化学实验的作用，对实验过程与实验结果实施详细分析，进行理解性记忆。

除此之外，课前预习也是非常重要的。学生需要提前掌握教材的重难点和知识点，在学习的过程中可能会涉及哪些知识，教材的整体思路是怎样的，物质与物质之间具有何种关系等，遇到不明白的地方及时记录到本子上，当教师讲解的时候就可以带着问题听课，这样的教学方法具有针对性。或者在网络以及参考书中寻求答案，进一步提高学生的自主学习能力，开拓知识储备能力与空间。在课下也可以对课堂所学习的知识进行巩固，以此来进一步加深印象。

4. 对学生进行及时合理的评价

学生能够积极主动地进行学习，主要源自自身的学习动力和学习兴趣，而化学教师在传授知识时，应当积极主动关注学生的学习情况，尽最大的努力让他们参与到课堂学习中，提高理解知识的能力，使用鼓励的模式帮助学生不断获得进步。教师在课堂中需要对学生的操作能力以及学习能力给予及时的、合理的评价，将学习特点和学习能力当作评价的主要依据，对学习进步的学生给予表扬，并鼓励他们持续进步，突破自己。

综上所述，在高中化学课堂上使用研究性学习方法具有十分重要的作用。其不仅可以培养学生拥有自主学习能力，还能够帮助学生找到正确的、有效的学习方法，提高他们的动手操作能力，优化传统的教学方法，在课堂中真正展现出学生的主体地位，这对指导学生有效发挥主观能动性和创造性具有一定的影响。

第二节　高中化学教学中的基本技能

课堂教学是教师把精心设计好的教学设计（教案和学案）在课堂上实施，以取得预想的教学效果。课上必须要充分发挥教师的主导作用，调动学生的主体积极性，上课过程中要注意信息的及时反馈和调控，要严格控制教学时间，提高课堂教学效率。在教学过程中要培养学生的宏观辨识与微观探析、变化观念与平衡思想、证据推理与模型认知、实验探究与创新意识、科学态度与社会责任等五大化学核心素养。

一、课堂教学语言的技能

教学语言是教学信息的载体，是上课的必备条件。教学语言的基本要求是遵守语言的逻辑规律，化学语言应该准确、鲜明、生动，合乎语法，用词恰当等。教学语言还要适应教育教学要求，声音清晰、洪亮、流利，发音标准，声音抑扬顿挫，语速适当，语调要有节奏和变化等。教学语言必须符合化学学科特点，正确应用化学术语，确切表达化学概念，符合化学语言规范等。化学教师应该努力使自己的教学语言达到出口成章，每节课的教学语言记录下来就是一篇精彩的讲稿或文章。

教师用教学语言讲授时，应该做到内容完整、层次分明，富有逻辑性，既注意全面和系统，又抓住重点、难点和关键。讲授时必须语言准确、精练、生动，学生能听清、听懂，有感染力，能引起和保持学生的注意力。讲授时还应注重启发性引导、分析、阐述和论证，注重激发学生积极思维，使师生活动协调、同步。在讲授的同时，能恰当运用板书、板画及表情、手势等手段来配合，注意收集讲授效果的反馈信息，能及时做出适当的调整。

二、指导学习活动的技能

学生的化学学习活动主要有课堂上的听课、记笔记、观察、思考、实验、探究、讨论、自学、练习，以及课后的复习、作业、预习、阅读、收集资料、实践活动等。教师在教学中要不断地组织实施这些课内和课外学习活动，提高组织和指导学生进行学习活动的技能。

（一）指导学生听课的技能

听课和记笔记是学生课堂上最重要的学习活动。在课堂教学中，教师要在上课前做好学习定向工作，使学生大概了解学习目标、方法和步骤，要重视做好每节课的小结工作，使知识结构化和系统化，帮助学生完成模型认知和知识建构。在讲课时，重点和难点内容要有必要的重复讲授，并利用停顿和提高语调、控制较慢的语速和配合板书，让学生能听清和看清，并配合使用积极的情感表达与丰富的副语言技能，充分调动学生的学习积极性，发挥学生的主体性，使学生主动自觉地想听课和要做笔记。

课堂上教师还要指导学生合理分配注意力，善于用耳、眼、脑、手相互配合和协调使用，在老师上课停顿时抓紧记笔记，先将不理解的问题记下来，等课后再认真思考或请教老师与同学，记笔记时还要学会选择内容，主要记老师讲课的思路、内容提纲、疑难问题、教材中没有的重要补充内容和学习指导等，并要学会用简明扼要的文字、图表和符号做笔记，以便节省时间。还可以组织班级优秀笔记展示和交流等活动，逐步提高对课堂笔记的要求，提高听课和记笔记的效率。

（二）指导学生讨论的技能

讨论是在教师的组织和指导下，相互质疑和论辩、启发和补充、共同得到问题答案的一种集体学习活动。它要求学生具有一定的知识基础、思考能力和讨论习惯，也要求教师有较强的组织与管理能力和丰富的教学经验。

教师组织和指导学生讨论的难点是控制讨论方向和时间，提高讨论效率和学生的积极性。首先，教师要围绕教学目标，精心设计讨论题，使其具有较好的思考性、论辩性，难度适中，最好配合化学实验、情境导入、课堂练习和作业等活动方式；其次，是让学生理解讨论题及意义，给学生足够的思考时间，可以采取提前公布讨论题、引导学生复习有关知识、阅读教材和参考资料、收集资料和准备必要的发言稿等方法；再次，是鼓励、要求学生在认真思考、准备的基础上各抒己见，积极大胆地发言，勇于坚持正确的意见、修改和放弃错误的意见，还要让学生在讨论中紧扣主题、相互切磋和学习；最后，教师要及时帮助学生排除疑难、障碍和干扰，尽量让学生自己分辨是非、纠正错误，得出正确的结论，教师不轻易表态和包办，但更不能放任自流、袖手旁观，要注意掌握时机，积极引导，培养学生自己组织讨论的能力等。

（三）指导学生练习的技能

练习是以巩固知识、形成技能和发展能力为目标的实践训练活动，是教学过程中的重要环节。通过练习可促进学生将学到的知识与实际相联系，使学习效果进一步得到深化和提高，也是教师获得反馈信息的重要途径，但练习一定要防止陷入题海中，要力求精练和取得高效率。

首先，针对学生发展的需要，精心选择、编制练习题，要有明确的练习目的，内容要在全面的基础上突出重点和难点，练习题还要有典型性、思考性、开放性和趣味性，化学练习要尽量联系生活和生产实践，难度和题量都要适当，要减少重复练习，保护和发展学生的学习兴趣。其次，引导学生复习有关知识，进行审题与解题指导，讲清要求与格式，对复杂的练习，按"分步练习—完整连贯—熟练操作"顺序分阶段组织练习。练习前教师要指导学生复习相关知识，进行审题和解题指导，讲清要求和格式，并进行例题示范，特别要讲清解题思路，注意一题多解和举一反三。再次，教师通过巡视检查及时收集教学反馈信息，实行分类指导，对完成较好的同学可以增加要求更高的补充练习；对出现错误和完成有困难的学生则进行指导和课后辅导；对普遍感到困难的题目则要补充讲解，如果有时间还可以让学生上黑板演示练习过程，并组织全班同学观摩和评价。最后，教师及时对学生的方法、过程和结果进行讲评，组织学生互评、自评。教师要做好练习总结，在学生有了实践体会的基础上，总结出审题、解题或操作的一些规律，加深并提高学生对相关知识的理解，并布置一些课后作业（家庭作业）让学生进一步练习，提高解题技巧。

（四）指导学生自学的技能

化学课程的自学主要包括阅读、实验、思考、解决问题、课前预习、复习和表达等，而自学则专指学生独立阅读教科书。教师在组织和指导学生自学时，首先，引导学生认识学习是自学的首要任务，充分认识这对于适应学习型社会、提高自身发展潜力的重要意义。其次，通过教师自身的示范，让学生逐步学会收集、选择学习材料，自己确定学习任务、重点等。再次，让学生知道自学阅读不仅要动眼，还要动笔，摘录要点，及时记下心得、体会，整理和编写知识小结，做好阅读笔记。还要注意多动手练习来深化理解、学会应用和掌握知识，学会善于动脑，注意新旧知识的对比联系，发现问题后，通过独立思考或与同学讨论解决，注意进行概括和总结，抓住重点和精髓。最后，学生要逐步掌握学习各类内容的规律，教师注意组织好自学成果的交流、讨论和示范活动。例如，对理论性知识要注意产生有关概念、原理和定义的事实依据，学会通过抽象、概括和推理，自己得出结论，了解有关知识的应用及其范围，并能具体举例；对元素化合物知识，要多联系实验现象，弄清物质的结构、性质、用途与制法之间的联系与规律，并形成概念图。

（五）指导学生合作的技能

合作学习[1]把个人之间的竞争转化为小组之间的竞争，力求通过组内合作，使学生尽其所能，达到最大限度的发展。教师在组织合作学习时，首先，明确个人责任，培养团体精神，鼓励每个成员发挥最大潜力，在独立思考的基础上，在平等民主的氛围中人人参与，各抒己见，并且重视小组成员间相互支持、鼓励和帮助，使每个成员达到预期目标。其次，合理组建学习小组，促进学生共同参与，精心设计合作学习内容，发挥小组各成员的作用。再次，把握合作学习时机，提高每个成员的参与度，由于合作学习方式不能每节课都采用，也不是整节课都使用，教师要把握恰当的时机组织小组合作学习，让学生带着迫切的愿望投入合作学习中。最后，进行适时、合理的评价，调动参与者的学习积极性。在合作学习过程中，如果学生每一个有价值的问题、精彩的发言或成功的实验操作，都能得到组内其他成员的赞许，会使学生体验到合作学习的快乐，可有效激起他们继续合作的欲望。

（六）指导学生探究的技能

探究式教学是由学生自己寻找问题答案的教学活动方式，它以学生独立自主学习为前提，给学生提供观察、调查、假设、实验、表达、质疑及讨论问题的机会，让学生将自己所学的知识应用于解决实际问题。探究式教学有利于开发学生的智力，发展学生的创造性思维，培养自学能力，有利于学生学习和掌握学习方法，培养学生的五大化学核心素养，为终身学习和工作奠定坚实的基础。

化学教师的作用就是调动学生的探究积极性，引导学生发现问题、提出问题、分析和解决问题，促使他们自己去获取知识，发展能力。教师在组织和指导探究教学时，首先，要发掘蕴含在教材中的探究因素，充分利用化学实验进行探究活动，不能只满足学生做实验，还应注意创设问题情境让学生自己设计实验，通过实验探究活动发展学生的发散思维和批评性思维，充分挖掘学生的创新意识与科学精神。其次，激发学生探究、思考的兴趣。教师要注意引导学生形成思考实验现象、发现问题、解决问题和探究原因的兴趣，引导学生质疑和创新，使学生主动进行探究活动。再次，教师要敢于放手，留给学生思考的空间。当学生在探究活动中遇到问题时，教师不能急于解释和给予帮助，要利用学生已有的知识去进一步引导，要留给学生思考的时间和空间，并注意启发学生去发现新问题，引导他们找出不同的方法和思路，鼓励学生自己设计实验方案，并亲自观察、尝试、探

---

[1] 合作学习是以小组为单位，通过学生或学生群体间的合作性互动来促进学习，达到整体学习成绩最佳的学习组织形式。

索、实践，还要允许学生出现错误，不能求全责备，使学生在自由、和谐的轻松氛围中去探究，充分展现自己的才华。最后，按照科学探究的过程规律，指导学生开展探究活动。要按科学探究的方法抓好情境创设、发现问题、明确问题、提出假设、收集资料、进行验证、形成结论和讨论交流等环节；并注意引导学生总结科学探究方法，重视科学精神和社会责任。

三、课堂板书、板画的技能

板书是在课堂教学过程中教师利用黑板、白板、磁性板等，以精练的文字和化学符号传递信息的行为方式。板书是一种重要的课堂教学手段，是课堂教学的有机组成部分。板书设计是课时教学方案的重要组成部分，是教师的基本功之一。

板画主要指绘制常用化学实验仪器图及其装置图，是学生巩固和加深理解化学基础知识不可缺少的途径，板画要求按现行的中学化学课程标准执行。高中学生应初步学会描绘简单仪器及其装置图，通过板画，可使学生熟悉仪器的名称、性能、大小及连接方法，科学地掌握仪器装置的原理；同时板画可作为直观教具，提高教学效果，激发学生的学习积极性。板画训练时要由简到繁，分步画出。绘制时要求形象正确，比例适当，条理清晰，重点醒目，以表现实验装置的要求，达到贴切美观的教学效果。

四、模型图表与标本的使用技能

化学模型是以化学实物为原型，经过加工模拟制作的仿制品，是对化学实物三维表现的构造示意。部分实物不易得到，或因体积需要缩小或放大，都可以制成模型。常见的化学模型有：化工生产的典型设备，如炼钢高炉模型等；化工生产流程，如接触法制硫酸简单流程模型等；物质结构模型，如电子云模型、有机物分子结构的球棍模型和比例模型等。图表是指化学教学中各种图和表。图是事物形象描述或理论关系的生动描述。常见的图表主要有：化学实验图，如实验仪器装置图、基本操作图等；化工生产图，主要是典型设备构造示意图和工艺流程图；物质结构图，如电子云图、原子结构示意图等；物质相互关系图，如元素化合物及其相互关系图等；各种曲线图，如溶解度曲线图等。标本是指经过挑选或加工，外观品质符合教学要求的化学实物。中学化学教学中常用的实物标本有矿物标本、重要化工产品标本、冶金产品标本、化学试剂标本和物质的晶体标本等。

此外，这些模型、图表和标本在化学课堂教学中具有不可替代的作用。在宏观辨识与微观探析（如电子云图、原子结构示意图等）、变化观念与平衡思想（如物质相互关系图等）、证据推理与模型认知（如溶解度曲线图等）、实验探究与创新意识（如实验仪器装置图、工艺流程图等）、科学态度与社会责任（如炼钢高炉模型、各种化工和矿物标本等）五大化学核心素养的养成方面有重要作用。因此，在化学课堂教学中要充分利用学校的各种模型、图表和标本，在讲授相应知识模块时配合使用，真正发挥好这些辅助教学工具的作用，使课堂教学达到最佳效果。

五、布置作业与进行辅导的技能

布置作业是课堂教学活动的组成部分，主要是告诉学生应进行哪些工作和完成这些工作的方法。作业的形式主要有阅读教科书和参考书、做练习题、进行调查、参观、绘制图表、实验（学生在家中可做一些简单的实验）等。布置作业时注意作业的内容要围绕重点，解决难点；内容表达要明白，作业的范围要确定；措辞要科学；要启发学生思维，培养学生分析及解决问题的能力；要启发学习动机，使学生认识作业的重要性；要重视指导进行作业的方法。对学习困难的学生，最好另外进行个别辅导；要注意适度，如分量过重，学生不能完成，会降低学习兴趣，有些学生还会看成学习负担。批改作业可以采用全收全批与部分批改相结合，精批细改与典型批改相结合，集体批改与个别批改相结合等方法。辅导是一种辅助性的教学组织形式，以弥补课堂教学的不足，便于了解学生学习上的问题和意见，研究学生的认识规律，做到教学相长，是提高教学质量的重要措施。辅导应有目的地进行，辅导重点在于指导学习方法，提高学生的能力，辅导要启发学生的自觉性，使其乐意参加，辅导时教师要循循善诱，满腔热情。

六、教师对学生进行提问的技能

提问主要是教师通过预先设计的一系列相互联系的问题启发、引导学生经过思考作出正确回答，以师生对话方式围绕课题的重点与难点展开的讨论。提问和解答问题要注意避免机械的一问一答方式，注意双向交流，要做到问题提得好，提出的问题既要使学生能回答上，又不能太过于简单，不假思索就能回答出来。课堂问题主要分为导向性问题（探究性问题）、评价性问题和形成性问题，以及引导学生思考进行的反问、变换问题、有效追问等。

提问时必须选择恰当的时机和对象、以恰当的方式提问，以引起学生注意，真正达到启发思考、培养学生能力的目的。问题提出后，教师还要鼓励学生大胆发言，并善于倾听学生的发言，依学生回答问题的情况，进行有效追问。教师必须要训练和提高自己的提问艺术，不能用"是不是"或"对不对"等简单判断的方式进行提问，一定要进行灵活有效的深化，如转问、反问、回问等高级提问技术的学习和训练。也不能只满足于少量学生烘托课堂氛围的回答问题，对一些内向的学生要给予关注和适当的提问，并根据学生掌握的问题情况，采取强化相应的补救措施，提高课堂实效。

七、情感表达与副语言的技能

教师的情感技能是提高课堂教学效率的有效手段。教师的情感技能中最重要的是使学生得到对教师态度倾向的感受和体会，教师的热情、信心、亲近、鼓励等都可以增强学生搞好学习的信心和驱动力。用于传递情感的副语言主要有各种面部表情、眼神、声调、头和手的动作（如点头、摇头、挥手、拍肩膀）等。教学副语言以口头语言为基础、配合口头语言活动进行，没有形成独立的语言系统，不能叫语言，但在课堂教学中有重要作用，教师一定要多学习和训练正确的情感表达与副语言技能。

第三节　高中化学教学中的导入技能

下面以情境导入为例，探讨高中化学教学中的课堂导入技能。课堂教学情境导入是指知识在其中得以存在和应用的环境背景或活动背景，学生所要学习的知识不但存在于其中，而且得以在其中应用，也可能含有社会性的人际交往。教学情境的特点和功能不仅在于可以激发和促进学生的情感活动、认知活动和实践活动，还能提供丰富的学习素材，有效地改善教与学。

一、高中化学教学中情境导入的特点

学习的过程不只是被动接收信息，更是理解、加工信息，主动建构知识的过程，认知需要情感，情感促进认知。适宜的教学情境不但可以提供生动、丰富的学习材料，还可以提供在实践中应用知识的机会，促进知识、技能与体验的连接，让学生理解所学的知识，进一步认识知识的本质，运用知识解决问题，发展能力。只有学习的内容被设置在该知识的社会和自然情境时，才能体会到学习情境的意义。课堂导入艺术的特点主要是针对性、启发性、新颖性和趣味性。针对性是指情境导入要满足学生听课的需要，针对性强；启发性则是情境导入能启发学生的思维能力；新颖性是指情境导入指向能吸引学生的注意；趣味性则是情境导入能激发学生学习的兴趣，提高学习效率。

二、高中化学教学中情境导入的方法

课堂教学情境导入点主要有三个方面：从学科与生活的结合点入手，创设情境，如盐的教学情境设计为加工皮蛋的录像；从学科与社会的结合点入手，创设情境，如食盐和纯碱的教学情境设计为西部盐湖开发；利用问题探究创设情境，如溶解度的教学情境设计为食盐与硝酸钠比溶解能力强的对话。以下是化学教师常见的九种情境导入方法。

第一，开门见山，平铺直叙。开门见山式导入，即在上课开始后，教师开门见山地介绍本节课的教学目标和要求、各个部分的教学内容、教学进程等，让学生了解本节课的学习内容或要解决的问题。当学习内容对学生而言是一类新知识或新领域，从学生原有认知结构中不易找到新知识的"生长点"，新知识的学习方法和学习程序又没有适当的范例供借鉴运用时，可选择直接导入法，但此法在化学教学中应该尽量少用或不用。

第二，温故知新，探求新知。温故知新，探求新知是一种常用的导入方法，其特点是以复习已经学过或学生日常生活中已经了解的知识为基础，将其发展和深化，引出新的教学内容。复习旧知识的导入方式重在恰到好处地选用与新授课内容关系密切的知识，达到温故知新的目的。

第三，巧设悬念，引人入胜。悬念式导入，它是指教师上课伊始，有意设置一些带有启发性的疑问，摆在学生面前，又不直接说出答案，迫使学生去寻求答案，从而进入学习新知识、解决新问题状态的一种导课方式。

第四，故事吸引，启迪思考。把课讲得生动形象，深入浅出，始终是衡量教师教学艺术水平的标准之一。寓意深刻而又幽默轻松的故事，加之铺陈渲染、绘声绘色的教学语言，是学生喜闻乐见的导课形式。

第五，直观演示，提供形象。直观演示是指教师上课伊始，通过展示图片、动画、影像等直观教具，先让学生观察实物、模型、电视或实验等，引起学生对即将讲授内容的关注，然后提出问题，引导学生观察、思考、分析，从而使学生直接进入寻求新知识的一种导课方式。如讲授有机物的分子结构时，展示球棍模型和比例模型，让学生从模型认知中建构分子结构，再对模型进行重新组装和定位，让学生从宏观辨析中领悟有机物分子的微观结构及其变化。

第六，创设质疑，实验探究。为了培养学生勇于质疑、乐于发现、勇于创新的精神，突出以人为本的科学发展观，在教学时就必须创设质疑情境，把学生"机械接受"过程变为"主动探究"过程。

第七，联系实际，激发思考。在化学课上，教师以学生已有的实际经验，或是为学生提供的实例（可能是生产、生活、社会中的实际问题，也可能是新闻媒体的报道或历史上曾经发生过的事情等）出发，通过讲述、谈话或提问等方式，引导学生思考、激发学生学习新知识的兴趣和欲望，进入新课学习。

第八，魔术引入，提高兴趣。魔术引入是指教师在上课前精心准备一个与本节课内容相关的化学魔术，略带神秘地表演给学生，从而激发学生学习兴趣的一种特殊的化学实验引入方法。

第九，新闻事件，社会热点。要求教师上课前查找与本节课内容相关的新闻事件或社会热点问题，以图片、文字或视频的形式向学生展示，从而引起学生的共鸣，提高学生的科学态度和社会责任，并顺利引出新的教学内容。

三、高中化学教学中情境导入的注意事项

课堂教学情境导入时应该注意：情境导入作用的全面性，尽量使设置的情境包含整节课的主要教学内容；情境导入作用的全程性，尽量使设置的情境贯穿于整节课的全过程；情境导入作用的发展性，尽量使设置的情境是最新最近发生和发展的内容；情境导入作用的真实性，尽量使设置的情境真实可靠；情境导入的可接受性，尽量使设置的情境能让学生接受，设置的情境更不能对学生产生负面影响。

由此可见，具有艺术性的课堂情境导入，在于教师创设的问题情境中的问题恰当、情境生动、引人入胜，并且内容精练，这样就能在短时间内收到良好的教学效果，激起学生的学习动机和兴趣。

第四节　高中化学教学的课堂管理与调控技能

课堂管理和调控是保障教学活动达到既定目标、顺利完成教学任务的重要举措。教师在课堂教学中注意通过课堂观察等途径收集学生信息，在充分了解学生的基础上采取有效的管理与调控措施。

一、高中化学教学的课堂观察与管理技能

（一）高中化学教学的课堂观察技能

课堂观察是调控和管理的基础，是高中教师为了收集来自学生的信息而进行的觉察学生行为、个性和其他特点的过程。课堂观察可以向教师提供教学反馈信息，使教师能够对教学及时进行调整，还可以使教师增加对学生的了解，有利于进一步做好教学评价和今后的教学工作。

周密的计划是做好课堂观察的关键，教师先要确定观察的重点内容，如学生对学习目标的了解、学习态度、学习结果、参与教学活动的积极性、兴趣和爱好、情绪和注意力、人际交往活动、思维品质、创造性、认知能力、表达能力、遵守纪律和规则等都是观察的内容。但每次重点观察的内容不能太多，要结合每节课的具体教学内容有重点地观察几项，但不能忽视偶发事件，最好对每节课和每项观察内容设计出观察指标。特别注意课堂观察要面向全体学生，可采用时间抽样法进行系统的观察，即按照一定的时间间隔和顺序有计划地轮流对不同的学生进行重点观察，并与全面扫描和搜寻特别现象相结合。还要做好观察记录表，教师要努力排除来自自身的各种干扰，如成见、先入为主、光环效应、标签效应、平均效应和趋同现象等，还要排除来自观察现场的各种干扰，对于难以作出判

断的现象，可以课后多与学生接触，做进一步了解，以便准确地做出判断和评价。

（二）高中化学教学的课堂管理技能

高中化学的课堂管理的常规内容主要包括空间与时间利用、纪律和秩序的维持等。高中化学的课堂管理技能主要包括以下几个方面。

1. 空间利用技能

空间是教学的制约因素和重要资源。在化学教学的常规管理中必须重视对教学空间的结构设计和管理。由于教室的座位会影响学生的视力、学习成绩和心理健康成长，同样也会影响教学效果。为了促进学生的成长和发展，教师在空间上必须科学地安排学生座位。如果让不同气质和性格的学生在座位的空间分布上错开搭配，则更加有利于组织合作学习，也有利于学生形成比较完善的心理品质。当然，还要定期交换和调整学生座位，可促进学生更好地成长。另外，为了更好地组织探究教学，将传统的纵横矩阵式排列改进为弧线型或 U 型排列，可以减少来自教师上课时的监控压力和影响，克服刻板、不利于学生交往和合作学习的弊端。有条件的学校还应该尽量小班化教学，以便更好地组织和开展探究教学、实验研究和小组合作学习。

2. 时间利用技能

时间是学习过程中一个决定性因素。尽管课程计划、课程标准统一规定了各年级化学课程的总学时，但在实际教学中，由于不同的教学和管理方面因素的制约，实际上各个学校的教学时间，特别是有效的教学时间各不相同。随意安排教学活动、满堂灌、重复练习、教学定向不清、教学环节衔接和过渡不良、教学进度和速度不当、学生被动学习等都会降低化学教学时间的有效利用率。所以，在教学过程中要做好教学设计，在各个教学环节中设置好时间，并严格管理和利用好教学时间，尽量使课堂高效，在课标规定的时间内向课堂要效益。学校在管理上也要强化时间观念，在正常上课时间内尽量少安排一些大型活动，保障有效的教学时间。

3. 纪律管理技能

宽严适度的教学纪律是保证化学课堂教学顺利进行和搞好化学教学的重要条件。在教学过程中，教师要注意辩证地利用好纪律的强制因素、学生自身的自制因素和教师人格魅力的亲和性因素。

（1）建立和谐的师生关系。让学生自觉遵守纪律和维护纪律，尊重学生人格，尊重学生自尊心，不一味地依赖严格的班规和班纪。让学生通过演讲、表演、辩论、比赛等多种形式、多种活动提高其主人翁责任感、集体荣誉感，自觉维护纪律。

（2）针对班级的具体情况进行分析和教育。例如，部分班级的学生在上课时，出现问题马上就想讨论，此时要对带头讨论的学生，进行纪律教育，使学生认识到课堂纪律的重要性，并自觉维护好课堂纪律。

二、高中化学教学的课堂处理与调控技能

（一）高中化学教学的问题处理技能

第一，对出现的问题做出准确判断。在课堂教学过程中，常常会遇到各种各样难以预料的问题。其中有些问题如果不及时解决，就会影响教学的顺利进行。

第二，善于处理偶发事件。偶发即不分时间、场合的突发事件。处理偶发事件时要教师注意说话的语气及态度，要因人而异，因事而异，能让气氛缓和尽量缓和，事后再进行教育。教师在处理偶发事件时还特别要注意避免"先入为主"的心理。一定要立场公正，处理事情要有原则，奖惩分明，是非分明，不包庇成绩好的学生，对成绩差的学生不要有偏见。

第三，学会冷处理。对课上发生的一些小事件，教师不要急于处理，更不能急于发表意见，可以师生共同冷静思考几分钟，以免影响课堂教学。让学生心里有数，课后再进行处理，或让学生说出事情缘由，分析利害关系，分析自身优缺点等。

（二）高中化学教学的课堂调控技能

课堂调控是实现预定教学目的的必要和有效手段。课堂调控时教师要做到建立期望，让学生了解和接受学习目标和完成学习任务，了解教师的期望，促进学生主动学习。充分利用教学情境激发学习兴趣，并利用兴趣的迁移和发展来进行情感调控。通过学生自评、互评和教师评价，使学生及时得到自己学习情况的反馈信息并进行强化，评价时要以表扬和鼓励为主，让学生正确、全面和辩证地认识自己。

教师在课堂调控方面必须做好节奏控制，教学节奏是指某些教学参数在连续的教学过程中，时间分布上连续、交替和重复出现的规律性表现。这些参数主要有教学密度、速度、难度、强度、重点分布以及情绪强烈程度等。所以，在课堂教学中要力争教学过程张弛有度、节奏合理，防止疲劳，提高教学效率。为了建立良好的教学节奏，教师要努力探究、把握好课堂的最佳教学时段，充分利用学生的最佳脑力状态和情绪状态，将短时注意与长时注意有效结合，适时地形成教学高潮，并要注意教师和学生活动的及时与适度的变化，以确保课堂教学的高效。

同时，对课堂上出现的问题要有灵活、果断与恰当的反应，并做到发现问题及时调控。在正常的教学过程中，遇到学生上课睡觉、玩手机，甚至吵闹和打架等问题时，教师就要及时地调控课堂。例如，发现学生上课睡觉，可以走到学生面前轻轻地提醒或让其同桌帮助推醒，课后可再找他问清楚睡觉的原因，只有找到原因后才能对症下药，较好地解决个别学生上课睡觉的问题。又如，学生上课玩手机是目前经常见到的现象，教师可以在

上课前提出不能玩手机的要求，在课室前面做些小袋子给学生存放手机，与学生签订何时使用手机的协议，还要发动学生一起想办法解决等。至于吵闹和打架等极端情况发生时，则要立即解决，不能搁置处理。当学生学习积极性不高、参与程度降低、缺乏动力时，教师的调控方式就是调整教学方案，针对学生的兴趣，增加或调整学习活动任务。当学生上课疲劳或无精打采时，就要变换学习活动方式或进行内容调控。当学生注意力分散或受到干扰时，教师要掌握注意力分散的合理性，重在进行引导，给予适当的和短暂的应激释放机会，然后通过让学生回忆被中断的学习活动，引导并提醒学生进入教学过程。

第四章 高中化学有效教学方法与模式探究

第一节 高中化学的有效教学方法与运用

一、高中化学有效教学方法的注意事项

第一，以学生为主体，培养学生自主学习意识。在高中阶段的学习中，学生是主体，高中阶段的化学学习不同于初中阶段的学习，高中阶段的化学学习，更多的是以学生为主，培养学生的自主学习的意识。在高中阶段的教师，不可能顾全到全班学生，因此，更要培养学生自主能力的学习模式。

第二，重视化学实验探究，培养学生灵活学习。化学这门学科具有实验性，可以说，在高中的化学学习当中，有一半的化学反应，都是以实验为主，通过实验得出化学反应以及反应的现象，普通的化学教学实验，就是将化学的实验反应现象、物品等简单地过一遍，并没有让学生真正地搞明白其中的含义所在，也就是没有进行深层的探究学习，而对化学这门学科而言，深层的探究学习是非常有必要的，换言之，有效的探究学习能帮助学生更好地学习好化学。例如，在进行"硫氰化钾溶液和氯化铁溶液混合实验探究"这一课的教学时，先提出的问题是需要具有开放性的答案的，在提问问题时，可以先对实验作出假设，假设硫氰化钾溶液和氯化铁溶液混合后，观察到的溶液是红色液体，接着在这个混合的溶液当中，滴加氯水之后，混合溶液的红色现象会发生褪去的现象，那么，其中红色褪却的原因又是怎样的。这时可以给出几种猜想，并让学生证明猜想的对错：第一个假设与猜想——通过氧化的作用，氯水中的次氯酸将 Fe^{3+} 变成更高的价；第二个假设与猜想——是因为氯水中的次氯酸氧化了 SCN^-，接着让学生制定出可行的实验探究方案，并证明这两种猜想哪个是正确的。

第三，进行分组教学，培养学生共同学习。在高中阶段的化学学习中，学生需要做的实验是非常多的，这也说明，在高中学习化学时，需要一个合适的教学方式，让学生进行更好的实验教学。在教学过程中，分组教学是一个非常有效的教学方法。在实验的教学时，一是通过小组学习的形式，进行实验的探究，每个学生的吸收知识能力都有所差别，因此通过小组合作学习，可以对学生查漏补缺，减少学生遗忘掉的细节；二是在小组学习的过程中，教师可以和学生共同进行实验，从而促进师生共同教学。

二、高中化学有效教学方法的运用策略

（一）创新分组教学形式

一直以来，传统教育都是束缚高中化学教育的主要因素。考试的条条框框也将教学限定在特定的范围之内，如果一直按照这种形式开展教学，很难实现有效突破，对于学生以后的发展也是非常不利的。因此，在当前的教育发展趋势下，"教师必须积极对分组实验教学形式进行优化，及时更新教学理念，在充分涵盖考试知识点的基础上，积极创新教学形式，重新规划实验教学内容，制定明确的教学目标和发展方向，以提高高中学生的综合能力作为主要目标，积极开展教学形式改革"①。鼓励学生利用分组实验，积极开展自主性学习和探究性学习，逐渐弱化教师在学生学习过程中的主导作用，将学习的主动权还给学生，充分发挥学生在学习过程中的自主性，从而切实提升高中化学教学质量。

（二）培养学生创造能力

在以考试成绩为衡量标准的教学观念影响下，无论是学生的学习效果，还是教师的教学水平，都是以学生的考试成绩为标准。因此在高中化学教学过程中，教师为了达到理想的教学效果，都会最大限度增加知识内容，让学生尽可能多地学习考试知识，这也是提高学生考试成绩最为直接和有效的方式。但是对于高中学生而言，面临繁重的学习压力，几乎没有时间对于所学知识进行反思和总结，各个章节之间的理论知识缺乏系统性，完全处于一种混乱的状态。所以在高中化学教学实践中，教师应该采用更加合理的教学形式，减轻学生的学习负担和压力，让学生有时间对于所学的化学知识进行消化和理解，并且在教学的时候进行验证，加深对化学知识的印象，从而逐渐建立起完整的化学知识体系，培养学生的化学创造能力。

（三）积极加强教师培训

在开展高中化学教学中，要想提升综合教学效果，培养学生良好的素质，必须从教师自身入手，通过构建现代教师教育培训体系，提升综合教学效果，实现教师培训目标，从观念上改变教师的教学策略，提升教师对于学生素质教育的重视程度，进而满足当前高中化学教育改革需求。在培训过程中，要做到有层次、有针对性，以往千篇一律的理论培训，并不适应当前高中化学教育改革趋势。从学校层面来看，可以采用"引进来"的方式，请优秀的化学名师到本校进行讲课；同时还可以采用"走出去"的方式，输送学校老师到先进地区学习先进经验，特别是学习理念方面的知识，对于培训内容也要加强实践性，摒弃传统的单一化理论教学，进而提升高中化学教师综合素养，适应教育改革发展趋势。有了完备、科学的培训体系，教师在对学生进行辅导和能力训练方面，才能更加得心应手。例如，对于高中化学教师，也要加强实验操作等方面知识的培训，拓宽教师的知识

---

① 李付涛.谈论高中化学有效教学方法的应用 [J].高考，2020（15）：46.

面，这样才能提升教师在实践中的指导能力，为学生构建起科学的化学素质教育体系。

总而言之，教学改革与创新对于夯实高中学生的化学知识具有积极作用。所以在教学实践中，教师应该充分重视教学的组织和创新开展，引导学生积极探索多样化学习模式，更好地消化和理解化学知识内容，提升高中化学教学效果。

第二节　高中化学智能化课堂的有效教学方法

一、创设多媒体化的课堂情境

教学情境是"促使学生展开化学探究的基本因素，可以很好地引导学生产生生活回忆、自主迁移已有认知，在积极情感的驱动下、优良环境的影响下自然而然地生成化学知识"[①]。对此，高中化学教师则可尝试利用多媒体资源来创设课堂情境，优化情境内容、形式，确保学生可以及时进入化学思维状态。

例如，在"氧化还原反应"一课教学中，教师可以利用多媒体设备展现生活中常见的氧化还原反应现象，且通过动态图像让学生全面观察氧化反应、还原反应的发生过程，如苹果变黄的过程、铁制品生锈的过程等，由此创设化学学习情境，可以让学生顺利展开化学思考。

二、开展网络化的教学互动

教学互动是师生双方为了完成课时任务所展开的合作学习行为，但是传统的高中化学教学互动是以教师单向向学生传递化学知识的方式展开的，导致学生虽然积累了丰富的化学认识，却依然难以形成良好的化学探究与迁移能力。对此，高中化学教师要坚持以网络化的教学互动，逐步突出学生的主体学习行为，且要关注学生个体需求，由此优化教学互动效果，促使师生双方实现教学相长。

例如，"金属的化学性质"一课教学中，教师可以与本班学生展开线上互动。首先，通过互联网平台整理了一些与金属化学性质有关的重要知识、生活材料，与学生共享网络资源，鼓励学生自主预习化学新知。其次，本班学生需要通过现代通信技术阐述自己的预习困惑，分享自己所总结出来的金属性质，通过网络群组讨论实现生生互动，完善预习结论。在此过程中，教师需要耐心倾听，尊重学生的正确想法，由此整理学情资料。另外，在组织作业订正活动时，教师也要通过网络互动展开，保证作业订正活动的实时性、针对性，让学生归纳丰富的解题策略。

① 李丽云.高中化学构建智能化课堂的有效教学方法 [J].高考，2020（24）：39.

三、完善智能化的实验探究

实验是化学的基本内容，也是检验化学理论的一种科学实践方法，丰富的探究式化学实验可以很好地优化学生的化学学习能力，逐步提升学生的实验操作能力，让学生能够真正实现学习进步。为了进一步开发学生的化学学习潜能，使其自觉继承科学精神，高中化学教师则可利用信息化设备来优化化学实验活动的组织程序、实现条件，逐步提升学生的实验操作能力，为学生的长远发展做准备。

例如，在"化学反应的速率与限度"一课教学中，教师可以提前录制关于物质发生化学反应的实验视频，由此作为导入课堂教学活动的切入点，让学生及时思考相关内容，分析改变化学反应速率与限度的相关条件与实验操作方式，希望学生能够形成良好的化学实验能力，如此，本班学生便可更加清晰、准确地总结实验现象，自主生成实验结论。除此之外，还有一些先进的传感器技术可以优化化学实验的实施程序，显化使实验数据与实验现象可视化，所以教师也可以适当组织本班学生利用这些智能工具展开实验探究。

总而言之，在高中化学教学过程中利用信息技术来组织学科教学活动是实现智能化教学的基本条件，更易于发展学生的核心素养，使其能够爱上学习，也能通过自主学习活动实现成长与进步。因此，高中化学教师要利用信息技术来优化学科教学结构，切实打造智能化的教学环境，让学生实现有效发展。

第三节　高中化学教学的多元化模式创新探究

一、高中化学教学中的生活化模式

（一）高中化学生活化教学模式的原则

第一，主体性原则。在新课改的理念下，教师要改变以往的填鸭式的教学方法，教师要认识到学生是教学的主体。所以，教师在教学过程中应充分重视学生的主体地位，充分调动其主观能动性，使学生参与到活动中来，不仅使学生掌握化学知识，更能培养其学习能力。

第二，科学性原则。生活化教学还要遵循科学性原则。科学性原则是指在教学过程中教学素材的选取、问题情境的创设、教学过程的设计都要秉持严谨的科学态度，遵循学生的认知规律。例如，有时学生的生活知识并不符合科学规律，这时教师就要引导学生通过学习掌握正确的科学知识。

第三，开放性原则。一方面，教师在组织教学活动时素材的选取不能只局限于教材中的生活化素材，应从多个渠道收集和化学相关的各种信息，如网络、电视、杂志媒体等，从中吸取有效的信息，把教学活动从课堂延伸到实际生活中；另一方面，化学是一门自然学科，与其他学科如生物、化学等也有着千丝万缕的联系，所以生活化教学在实施过程中要遵循其开放性特点。

（二）高中化学生活化教学模式的策略

第一，教学情境生活化。化学教学要紧密联系学生的生活实际，从学生的生活经验和已有知识出发，创设生动有趣的情境。所以，创设问题情境要生活化。例如，通过观察自然现象、演示实验、化学史实等方法创设生活化情境。

第二，教学内容生活化。传统的教学往往只训练学生的解题技巧，而忽略了学生学习能力的培养。因此，新课标更多地体现了知识体系中的生活因素，教学内容与生活联系得更为紧密，而现实生活才是学生知识的应用场所，教师在实施教学时要注重教学内容要选取和生活相关的素材。

第三，实验教学生活化。在教学过程中，实验不仅可以吸引学生的注意力，更能激发学生的学习兴趣，启发学生思维，培养其科学态度。因此，实验教学也必须遵循生活化。一方面，可以选择生活中常见的物品作为实验用品。例如，讲解原电池时可以利用各种水果设计水果电池。另一方面，把实验与解决实际问题联系起来。例如，讲授二氧化硫性质时可以引导学生思考酸雨的预防问题。

第四，课堂训练生活化。学生在课堂上所获取的知识要通过各种训练才能掌握得更为扎实，而学生学习的化学知识将来肯定要应用到社会生活中去，因此，课堂作业不能只训练学生的解题技巧，机械地记忆各种知识点，而脱离生活实际。所以，教学时作业的设计也要考虑到和生活的联系，让学生把所学的理论知识应用到实际生活中去，这样才能培养学生解决实际问题的能力。

第五，教学方式生活化。生活化的教学就是要求教师在教学时要注重生活实际，重视学生的直接经验，选取贴近生活、符合学生心理特点的素材，把理论知识的学习与学生所熟悉的生活经验联系起来，同时还要创设生活化情境，重视知识在实际生活中的应用，创造学生自己动手实验、观察的机会，把化学理论、化学公式变成活生生的生活，也就是说在教学方式上体现生活化。

教学方式生活化有多种方法，如模拟生活情境并解决生活实际问题；实验演示生活中的一些化学现象，找出其中的化学原理；列举生活中应用化学知识的实际事例等，以培养学生的综合能力。

二、高中化学教学中的开放式模式

（一）高中化学开放式教学模式的本质

开放式教学是与封闭式教学相对的，而"问题"又是化学的核心，以开放性问题来引导开放式课堂教学是化学学科的基本特色。因此，化学开放式课堂教学是指在化学课堂教学中，以"开放性问题"为教学内容，以开放性思维为培养目标，以开放性活动为培养方式的一种课堂教学形式。

这里的"开放"包括教学目标的开放、教学内容的开放、教学过程的开放、教学方法的开放、师生关系的开放、教学环境的开放、学业评价的开放。化学开放式教学是一种教学理念、一种教学文化、一种教学形式、一种教学艺术，它具有民主性、动态性、创造性、合作性的特点。高中化学开放式课堂教学模式有两层含义：一方面，是指课堂教学要为学生创设一个有利于群体交流的开放的活动环境；另一方面，是让化学学习活动成为一个生动活泼而富有个性的过程，给学生的创新思维提供更广阔的天地，得到更充分的发展。

开放式教学有三个基本特征：第一，学生与化学活动融为一体；第二，学生的活动是开放的；第三，问题本身是开放的。因此，开放性化学教学，是在开放的人文环境中创设有利于学生探索学习、合作交流的开放性问题情境，在开放的问题解决过程中，学生在已有的认知基础上通过有效的教学方式，使不同水平的学生在不同的层次上得到相应的发展，获得不同的学习和情感体验。开放式教学的本质如下。

第一，教学目标开放。由于学生化学学习能力和水平的差异，教学目标不能追求完全的统一，其理论内涵是人本主义心理学的教学观念。其开放性体现在两个方面：①群体的开放性，整体的三维目标设计本身就应该具有一定的开放性，也就是说教学目标整体应该是动态的，是可以在教学中适度调控的，如果在教学中大多学生无法达到，教学目标可以随之降低；反之亦然。另外，教学目标还要具有一定的延伸性、发展性，可以促进学生课后反思，为其后续发展预留空间。②个体的开放性，按照我国现在的实际教学情况，还不能为每一个学生设计一个教案、设定一个个性化的教学目标。并且在教学目标设计时要考虑不同水平学生的学习要求，教学目标设定要有层次性。但是无论对于哪一层次的学生，为他们设立的目标都应在他们的最近发展区内，实现每一个学生的个体性发展。

第二，教学内容开放。虽然教学内容的基础是课本，其体系和元素是相对固定的。但是教学呈现内容的方式是开放的，呈现的角度是开放的，知识元素可扩展的外延是开放的，这是后现代主义的课程观和建构主义的表达。首先，从宏观设计的角度，化学教学的内容既要强调终身学习必备的基础知识和基本技能的掌握，也要加强课程内容与学生生活以及现代社会科技发展的联系。其次，从课堂教学的角度，教学要根据学生掌握知识和能力发展的情况，对教学内容的适当伸缩，要体现一定的自主性和开放性。

第三，教学过程开放。教学的发生发展总是在动态因子的组合中进行的，因此教学过程应当是开放的，其体现的是后现代主义的教学观。教师教学为激励学生主动参与教学活动，将时间和空间让给更多学生，鼓励他们动手实验去探求事物的本质。在活动的过程中师生互动、生生互动，使不同层次的学生都参与其中，并不是为了追求外在的开放、形式的开放，而是"愉快学习"和"积极参与"。

第四，教学方法开放。教学方法的运用和研究必将是开放的，只要能激发学生的主动性使用任何方法都可以，这是化学教育哲学的思辨。各种教学方法之间应是相互开放的，要求教师灵活运用各种教学方法和教学手段对课堂教学进行动态调控。另外，教学中适当运用计算机模拟与化学实验相结合，促进学生问题现象与本质的探究。大多数学生对于信息技术的引入和化学实验很感兴趣，希望多开展这样的教学方式；学生发挥学习中的自主性、主动性和创造性，学习的方式也是开放的，可以小组学习或个别参与等多种方式有机结合。教师做好宏观的调控和微观协调的工作。

第五，师生关系开放。开放式教学需要建立民主、和谐、平等的师生关系，其核心是后现代主义的主体论。这种开放的关系即强调教师在教学过程中的主导地位，又要求尊重学生在教学活动中的主体地位。教师与学生一起活动探索，分享经验与成果，引导学生、信任学生，让学生真正成为课堂的主人，既要通过课堂教学来推动学生智力发展，又要通过学生的发展来促进教师课堂教学。教师不再"一言堂"，学生敢于发言、创新。

第六，教学环境开放。教学环境开放包括教学时间和教学地点的开放、学生心理环境的开放。由于班级授课受课堂时间的限制，往往不能透彻地完成某些教学内容的探索过程，化学课本身具有实验方面的特色，我们应将教学时间和学习环境进行适当的开放，走进实验室、走进大自然。除了教学过程的开放，还可以进行课前和课后的开放。学生课前预习、课后及时巩固，教师可以布置有开放性的题目，让学生有选择性地、有目的性地学习。

第七，教学评价开放。对于教学评价，应从学生的课上学习情况、课后作业情况、师生互动情况、生生互动情况、学习的投入情况等方面进行评价，这样才能体现教学评价的开放性。

（二）高中化学开放式教学模式的环节

1.确定开放目标，创设问题情境

问题情境是一种内心状态，一种当学生感知到的学习内容与其原有认识水平冲突，对疑问急需解决的内心活动，从定义上分析，问题情境具有三要素：未知的事物（目的），思维动机（如何达到），学生的能力水平（觉察到问题）。心理学认为，个体都具有弥补知识空缺、解决认知失调的本能性反应。学生具有了学习新知识的渴望，就能促进其学习中的各种活动。所创设的情境必须是学生现有能力有可能达到的，这样才可能引发有效的思维和成为探索的开端。问题情境的有效设置会引起学生认知的失调，为有效的课堂探究提供保障。

此外，教师在教学活动中，有效地、有意识地创设问题情境，激起学生探究事物的愿望，引导他们体验解决问题的快乐，提高创造思维。问题情境具有强烈的吸引力，能激发学生对学习的渴望，使学生自我效能感提高，促进学生养成自主想象的思维习惯。情境创设的依据是教学目标，而有效的情境创设有利于激发学生的问题意识。新课程三维目标体系为开放式教学目标，教学目标的设定也直接影响教学内容的选择和问题情境创设。

（1）知识性教学目标及情境创设原则。知识提供的是思维的原始材料，使人们可以运用它来思考。知识的价值在于作为思考的焦点激发各种水平的理解，而不是作为固定的信息让人接受。

教学目标的实现并不是完全靠教师个人的教学行为，而是必须在与学生合作的条件下才能完成。从教学内容本身来看，知识体系并没有很大的改变。但是教师对知识内容的解读和理解方式必须发生相应的改变，也就是改变教师对知识的理解视角，打破原有对知识信息化的理解。知识虽然是以传授信息的形式进入课堂，但是它所扮演的角色不再仅仅是讲授的内容课程的信息主线，而是课堂探究的催化剂，是贯穿课堂的信息主线和活动主线。因此教师在准备课堂教学内容的时候必须考虑到"如何创设情境、引发疑问"这个问题，也就是找到知识本身的"疑问点"，必须做到使学生"有疑而问，而不是无疑而问"，而课堂教学中开放式问题设计更是教学设计的核心。

知识情境设置注意"适中性原则"，虽然化学课堂教学的具体内容是有课标规定的，但是对于学生而言都是新的知识，所以学生内部的认知动机都是一样的，对于获取新知识都能起到正向推动作用。因此，教师在挖掘知识内涵的时候应当注意到学生现有知识结构认知水平的状况，合理选题。另外，知识点"引发性"要好，并不是一个难度适中的知识就能引发学生良好的问题意识，开放式教学的目的并不仅取决于思维训练，还取决于实践能力、情感体验等诸多要素。

知识情境设置注意"多维性原则"，知识本身是一维性的，也就是只能体现其自身的信息性。如果开放式教学中教师只注重知识本身，那么教学过程就只能是知识的传递过程，教学的教育效能就逐渐降低。所以，在进行教学设计时选择知识情境就必须注意到教学其他各方面的要求，在知识情境的设置中就应当加入行为、过程、情感等若干因素，从而丰富教育情境的活动因子，增强教育的有效性。

（2）行为性教学目标及情境创设原则。开放式教学中行为的因素被强化，充分鼓励学生在课堂时就开放题展开广泛的交流。所以，行为能力的培养不再是教育的影响因素，而成为教育必须实现的教育目标。只有通过学生交流活动才能有效地将所学的知识转化成能力，知识建构才能更有效地完成。

教学中行动的意义不单单是使学生的思维更加活跃，使学生产生更高的思维活性，而是通过行为使学生获得相应的能力，形成相应的素养，养成相应的意识品质。教学过程中行为内容的选择，要根据知识内容中渗透的相应的实践能力进行确定，并以此刺激学生的感知觉以更好地获取知识进行建构。知识体系有其建构性，行为能力依然有其建构性，实践能力的养成也是一个螺旋上升的过程，是在一定行为能力的基础上继续建构的。因此，教师在教学中不但要强调化学逻辑分析等行为能力的习得，也要强调化学行为能力的建构，使学生养成的行为能力不是孤立的单个技能，而是有效的行为整体，这样的能力才是有意义的。

（3）情感性教学目标及情境创设原则。在教学目标中考虑意识情感的因素，就是通过现代化的教学理念与教学技术的有机整合实现既教书又育人的教育目的。情感教育的实现可以将知识能力升华为一种精神动力，反向激发能更有效地提升学习能力。为学生知识能力的更有效发挥提供内驱力的保障。此外，通过对知识的探究和行为过程的实践，要让学生在这个过程中获得相应的情感体验，这是从学习的外部条件向内部动因转变的关键性过程。教育的目的不仅仅是让学生获得相应的知识技能，这种技能要发挥效力，必须使之转化成必要的能力，而要使这种效力发挥良好的作用就必须使其以意识的形式固化，这样教育才真正起到了"教书育人"的作用，也为学生的自身发展奠定了良好的基础，为教育向良性方向的循环提供了方向。

第一，注意过程体验中的自我养成。在情感教育内容实施过程中，教师应当力争让学生自主发现、自主总结、自主养成，而不是通过形式化的说教，因为这样反而会使学生产生厌学心理。保证学生的自主发现，就必须在教学方法的选择和实施上认真考虑。

第二，创设真实的体验情境。教师应当在教学设计中让学生在获得相应的化学学习情感体验的同时，让学生体会到具有这些品质的意义。所以，教师不但要为学生提供真实的情感养成情境，还要为学生提供相应的应用情境，促进情感的内化。具体原则在教学方法中继续讨论。

第三，提供有效的言语指导。有效包括"促进性"和"实效性"两个层面的意思。所谓"促进性"就是教师的指导是为了使学生更好地发展，所以教师应当考虑学生的自身情况，实现有效的换位思考，为学生发展提供帮助。"实效性"就是教师应当注重言语指导的时机，不是在所有时候都要提供指导，也不是说指导等同于讲授，有效的指导不意味着让学生马上理解。有效的言语指导的真正意义是"引导"与"激发"的作用，以使学生有效地完成探究过程，但应当注意"有效"不意味着"顺利"。

2. 设置开放问题，开展自主探索

　　开放题设计的研究已经非常广泛、深入，在此不赘述。但是研究者在此提出的开放题设计不是一元性的，而是学生与教师要共同参与，教师编制出开放题呈现给学生的时候，学生要对其进行自主探索，并可以修正、改进开放题内容，这样做到一种双向性的交流互动。教师所提供开放题是一个能激发学生思维的学习环境。让学生主动探索，积极思考，促进知识的建构，培养学生的探究批判能力。教师则利用多媒体为学生提供内容丰富、信息量大、具有交互功能的学习资料。教师要在环境中培养学生的思维力，使学生可以更有效地投入后续的合作探究之中。教师在设计开放题时应遵循以下的基本原则：

　　（1）开放性原则。开放性原则能扩展学生的思维空间，让学生模仿探索创新，开放学生的思维和创造潜力，有利于学生感受、领悟再生创造知识的方法和技巧，培养学生的创新意识和能力。

　　（2）灵活性原则。灵活性原则有利于学生的思维呈现活化状态，促进学生思维灵活性、敏捷性品质的形成。灵活性原则要求设计时形式要灵活多样、生动活泼。

　　（3）层次性原则。层次性原则将帮助学生进行更深入的思考，运用所学知识并不断地扩大使用知识，提高学生思维的深刻性。该原则要求设计开放题应讲究梯度，应根据学生的认知规律及思维特点，由浅入深，拾级而上，螺旋式上升，层层开放。

　　（4）实用性原则。实用性原则有利于调动学生分析、研究、解决问题的兴趣，又有利于使学生体会到知识的实用价值，体验到化学知识来源于生活，又服务于生活。从而促使学生自觉用化学眼光去观察、分析生活中的实际问题，提高解决实际问题的能力。实用性原则要求设计应紧密联系生活实际，多设计一些面向生活的开放题。

　　3. 开展交流讨论，建立新知结构

　　开放式教学不但要有开放的教育模式，还要培养开放性的个体，培养学生交往的技能及分享、合作态度是一项重要内容。在分享中彼此激励才能帮助学生有效地看见自己与人的差异性，主动建构自己的知识体系。与个体单独活动及集体活动相比，合作交流对实现这方面的目标具有独特的作用。以开放式教学小组活动的形式展开积极的讨论，可以帮助学生提供更广阔多元的开放思路，整个的学习过程都可以在其中进行：从合作协商、修正开放问题；到分工合作，分析讨论问题；再到交流研讨，广泛讨论不同的思路和想法，得出结论；到共同行动，拓展实践意义；最后组内反思评价，整合差异性。

　　4. 进行课堂反馈，加强运用变式

　　反馈是课堂教学的一个重要环节，是实现有效控制的主要手段，它是学生深化、巩固所学知识的一个过程，也是教师了解学生掌握知识、发散思维、强化能力程度的一个重要手段，其主要是通过课堂练习的形式。要达到开放性的原则，课堂练习应当采用分层次的原则，但是课堂教学实践中有限层次不能过多，分为三个层次比较适合。另外，注意化学习题"变式"的应用。提供概念变式、原理变式，加强反馈练习的多元性，也使学生能对所学习的知识更加灵活、准确地掌握。

5.注重作业反思，多维拓展创新

首先，要求学生反思自己的思维过程，总结规律，提取方法。其次，可通过开放式练习题的讨论实现多维拓展创新，还可以通过自编题来实现拓展、创新。学生在对知识、问题有较深透的理解的基础上才能完成自编题，它需要综合各方面的知识进行创造性的思考，它是使学生的主观能动性得以充分发挥的有效措施，也是丰富课堂内容的有效方法。

三、高中化学教学中的 PBL 模式

PBL 是 Problem-Based Learning 的简称，一般译为基于问题的学习或问题本位学习。概括而言，PBL 模式是把学习置于复杂的、有意义的、真实的问题情境中，通过让学生合作解决真实的问题，来学习隐含于问题背后的科学知识，形成解决问题的技能，并发展自主学习能力的一种新的教学模式，这种教学模式让学生在特定背景下通过协作学习解决问题，有利于学生学习兴趣的激发，强化学习动机，并且有助于知识情境化，让学生学会学习，学会解决问题，做到自主学习、合作学习、终身学习。

（一）高中化学 PBL 教学模式的原则

第一，主体性原则。PBL 模式强调在化学教学中要充分重视学生的主体地位，从问题的发现到问题的解决这一过程中，都要求学生主动参与。学生是问题的解决者和意义建构者，教师只是扮演问题解决过程中引导者和协助者的角色，提供学习材料，引导学生学习，监控整个学习过程，使化学教学顺利地进行。要提倡师生间、生生间的交流与合作，充分发挥班集体促进学生主体性发展的作用。

第二，全面发展性原则。化学教学要促进学生的全面发展，PBL 模式在应用时，要充分重视从学生的角度思考教学问题，关注学生主体性、创造性、自主性的全面协调发展，让学生在获取知识与技能的同时，思维、能力、情感都得到培养，在教学中实现学生自身的全面发展。

第三，情境建构性原则。PBL 是基于真实问题情境的学习，让学生在有意义的、复杂的、真实的情境下学习，同时为他们提供相关的材料，学习过程中给予及时的指导。问题是学习的开端，所以问题情境的构建对教学的顺利进行及教学的有效性起着决定性作用。化学是一门以实验为基础的学科，并且与社会生活、生产息息相关，教师应以化学内容及其特点为基础，以生活生产实践为背景，创设真实的问题情境，使知识问题化、问题情境化，学生由疑而提出问题，产生求知欲，进而解决问题，从而深入地理解教材。在问题情境的互动教学中，每个学生在原有的知识经验的基础上不断将知识与技能、过程与方法、情感态度与价值观整合在一起进行自主建构，从而实现学生各方面素质的协调发展。

第四，预设性与生成性相融合的原则。在化学教学中运用 PBL 模式，更加注重学生

的主体地位，强调师生间、生生间的交流与协作，这导致互动的过程中会产生许多无法预期的结果。再好的预设与课堂实施之间必然存在着一定的差距，当教学过程中有偶发的事件时，教师应把握课堂教学中闪动的亮点，根据实际情况进行灵活、积极的引导和指导，推动教学的动态生成，使教学更加灵活机动。所以要有效地实行高中化学教学，必须做到预设与生成的有机融合并且及时反思，使二者相辅相成。

（二）高中化学 PBL 教学模式的运用

PBL 一般有四个基本流程：第一，从问题出发，教师根据教学目标、教学内容、学生情况来创设一定的问题情境，学生通过分析问题情境明确所要研究的问题；第二，确定学习小组，对问题进行深入分析，明确关于问题的相关信息哪些是已知的、哪些是未知的，小组成员任务分工获取所需的信息、制订研究计划和安排任务；第三，学生对所收集的信息进行分析、整理，交换意见、思考解决方法，提出可行的解决问题的途径；第四，总结、反馈，确定及展示成果，评价基于问题的学习过程及结果，总结所学的知识。

将 PBL 应用于高中化学课堂教学中，学生是问题的发现者，是知识的建构者，是致力于解决问题的人，积极主动地学习，避免学生成为被动消极的接受者；教师是教学过程的组织者、促进者，学生认知和元认知上的指导者、引导者而不仅仅是知识的传授者；教材所提供的知识不再是教师传授的内容，而是学生主动建构意义或创新的对象；学生的学习活动贯穿着两条线索：问题解决和获取新知，围绕"发现问题—分析问题—解决问题"这条主线展开。具体而言，高中化学教学中 PBL 模式的运用可从以下四个方面着手。

1. 创设问题情境，形成主题问题

PBL 模式把学生置于有意义的、复杂的情境中，学生是致力于解决问题的人，通过分析问题、解决问题进行一种有针对性、实践性的学习，问题情境是这种学习的组织中心，它激发并维系着学生的兴趣。问题情境在 PBL 模式教学中具有关键意义，良好的问题情境一般应该具备以下特征。

（1）创设问题情境与实际生活有联系，所涉及的问题在学生认知的最近发展区内，且学生针对问题情境，可进一步提出更多明确的问题。

（2）问题情境能激活学生头脑中已有的知识，增强学生头脑里知识的可取性，并推动他们去学习新知识，把所学知识与实际应用联系起来。

（3）提出问题的方式要能引起学生的兴趣和好奇心，提出的问题如果大家合作，解决问题的效率应该是提高的，而不是降低的。

（4）良好的问题情境中的问题应该是劣构的问题。问题是复杂的，没有一个固定的解决模式，有多种解决办法也有多种答案。

基于以上情境创设的特点，教师创设问题情境时首先需要分析学习内容，了解学生原有的认知水平及生活经验，确定科学、合理的课堂教学目标；其次，要对学生的学习环境进行分析。创设真实、有意义的问题情境，形成主题问题，主题问题应该是多元的而非单一的，能吸引并推动学生持续地研究，明确主题问题的价值所在及与学科知识的联系，进一步判断该情境是否与教学目标、学生的现状相关联，在当前课堂环境下是否有可能解决这个主题问题，学生在学习中能否获得思维策略、解决问题的策略以及对以后的实际生活能否起到帮助。最终可根据学习环境的具体条件、学生的认知习惯，选择某种恰当的形式来呈现问题。

2. 确定学习问题，推动学生进步

PBL 教学常以问题开始，为了细化问题、促进解决，将 PBL 中的问题设计为两层：主题问题和学习问题。学习问题的界定要避免只是从"主题问题"中简单地分化出可供学习的子问题，学习问题的确定要考虑多方面的因素。因为某些客观条件的制约，学生并不能完全自主地选择自己的学习问题。但能够保证的是，学生确定的学习问题一定是在考虑本身实际情况的基础上，从有限的子问题中选择出来的。学生最终确认的学习问题应满足三个条件：①必须要有明确的知识欠缺；②对学生所产生的知识欠缺具有至关重要的作用；③教师在帮助学生发现知识欠缺后，不需要做出及时的补充，而是要逐步引导学生独立学习。

学生针对问题情境下的主题问题可以进一步提出一系列子问题，教师根据这些子问题与教学内容和教学目标、学生原有知识经验和认知水平的相关度，以及在课堂环境下探究的可能性，引导学生确定子问题中可能指向关键性概念的问题，能够将教学目标的问题作为学习问题，并且对所确定的学习问题进行分析，激活学生已有的和学习问题相关的知识，明确已有知识与新学习知识之间的差异。通过学习问题的解决，推动学生有目的、有成效地学习，掌握知识，发展技能。需要注意的是，学生解决问题时缺少的知识和技能才有可能成为学习问题。

3. 收集相关资料，探究解决问题

由于一些问题具有一定的复杂性，学生需要以小组为单位进行学习。在学生自愿与教师适当调整的原则下，学生自愿分小组，教师适当调整，优化小组结构，确立学习共同体，分组进行交流讨论。对所需要的信息与资源，学生可以通过多种途径收集资料、获取信息。小组成员之间、小组与小组之间在学习过程中可以相互共享资源，相互交流想法，相互鼓励和沟通。

教师应为学生提供具有指导性的材料或资源，帮助学生理解学习问题，方便学生自己收集信息，促使课堂学习环境在有限的时间、空间、资源的条件下，可以推进学生更有效率地解决问题。

当小组各个成员觉得所收集到的信息、资源能够回答或解决问题时，就可以对所收集到的信息进行整理、分析，交换意见，思考解决方法，提出可行的解决问题的途径，然后可通过实验探究等方式进行验证。

4. 进行成果展示，重视全面评价

在确定及展示成果时，应明确最终成果是问题解决过程的集中体现，以此来增强学生解决问题的动力，注重解决问题的过程。为收获满意的成果，小组成员间解决问题的驱动力加强，能够积极互动、交流协商。成果是问题解决过程的集中体现，组织学生以适当的形式展示小组解决问题的收获及结论，一般而言展示的内容主要包含：最终成果展示、小组活动计划、任务分工以及解决问题过程中的闪光点等。

需要注意的是，成果应当是真实的，是小组成员协作探究学习问题、解决主题问题的过程中所获得的真实结论。此外，PBL 中的评价在一定程度上反映学生的学习表现，是为促进学习、改善学生学业表现服务的，强化评价的激励与发展功能，不能单纯判断学生的成绩，要善于通过发现问题、解决问题、收集资料以及实验探究过程中的各种活动对学生进行全面评价，要重视对知识建构过程的评价而不只是对结果的评价，要综合教师的评价、学生自己的评价、学生之间的评价，还要评价问题本身以及教师利用问题的效果。

第五章 高中化学实验教学方法与实践应用

第一节 高中化学实验教学方法与知识准备

一、高中化学实验教学的主要方法

随着时代的发展进步，社会对人才培养提出了新的要求，即培养方向必须符合社会发展需求。于是，随着新课改的实施，各科各阶段的教师开始更新自己的教育理念，高中化学教师也将培养学生科学素养视作课程教学的主旨与目标，重视培养学生的实践能力，不再简单着眼于课本理论知识的记忆，通过课堂演示实验教学的方法转变传统化学教学过程中学生的学习感受，让学生领略到化学实验的趣味性，从而激发学生的自主学习能力与兴趣。

高中化学作为一门理性的学科，其理论知识的学习过程对于大部分学生来说比较枯燥乏味，化学符号和化学反应方程式作为教学过程的主要内容更需要学生精准记忆，一旦出现偏差就容易使整个推理过程出现错误。教师可以应用演示实验的方法进行教学。在对实验进行详细讲解之后，由学生来完成主要的实验过程，有了参与感，学生的学习兴趣自然会增加。

同时，课堂演示实验也有助于加深学生对课本理论知识的理解。课本上的化学概念都是经过实验的反复论证总结而来的知识要点，概括性比较强，需要学生在学习化学、认知化学、形成化学概念的过程中用自己的直观感觉来进行更好的记忆与掌握，而不是以记录记忆为主，演示实验就能够帮助学生以感官作为第一要素，在演示的过程中，将化学理论知识与实践相结合，最大限度地避免化学概念混淆、知识模糊等错误的出现。例如，盐酸与多种化学物质的反应，通过演示实验可以帮助学生加深记忆不同反应之间的区别，对物质特性更加了解，反应也相对清晰。高中化学课堂演示实验教学的方法如下：

（一）运用多种手段，强化化学演示实验效果

在实验开始前可以利用多媒体教学手段，导入演示实验的内容，播放演示实验视频，在实验进行之前用更生动的方法让学生认识实验操作过程，减少错误的发生。鼓励学生积极参与讨论，营造轻松好学的课堂氛围，创设问题情境，一步步调动学生的参与积极

性，提高课堂教学效率。

新课改后，化学学科在高中教学学科中占有重要地位，这要求教师在进行化学课程教学时应当努力提升自己的教学能力，充分应用化学课堂演示实验，加深学生对于化学知识的了解与掌握，增加化学学习趣味性，调动学生的积极性与参与感，让学生在学习过程中锻炼思维的缜密性与创造性，为社会培养更专业的化学人才。

（二）设计演示实验的内容，温故而知新

在高中化学教学过程中，如何设计好演示实验的内容是对化学教师的一项考验，新课改之后的化学课本上增加了不少实验内容，但是如果仅限于此，并不能充分满足学生的学习需求。所以，教师要对自己的理论知识教学内容有所了解，对学生的学习状态也要有所把控，这样才能够设计出适应学生需求的演示实验，让学生在重点地方通过实验对知识有更好的掌握。

此外，在实验教学过程中，教师还要适时引导学生回忆过去学过的相关知识；在学习新知识的过程中，检测学生对旧知识的记忆程度，突出新旧知识之间的联系，帮助学生构建化学体系结构；在演示实验教学过程中，帮助学生更加直面感官上的刺激记忆，加深学习印象。

例如，处理化学实验中产生的有毒气体时，可以设计实验课堂展示课程，让学生在展示实验时了解实验过程中产生的有毒气体是如何吸收的，以及实验后残留的化学物质回收利用，同时，还可以联系学生学过的相关知识，再次记忆不同的化学反应，引导学生关注实验过程中的变量与突发事件，增强学生逻辑的严谨性和创造性，使学生在化学演示实验中真正提升实验能力。

（三）优化演示实验的过程，适应个性化需求

高中化学实验正朝着探究型、生活化、微型化的方向发展，在具体实验时，要根据课时长短、化学实验室设备不同、学生的个性特点改进课本上的实验内容，使演示实验切实符合现实情况，学生上手时具有高度可操作性。例如，在进行铝热反应实验时，可以把盛放药品的纸漏斗改为大号的玻璃漏斗、用铺满细沙的玻璃水槽替代蒸发皿，这样熔融物滴落水中迅速冷却形成的小球不会沾到细沙，形状会更加圆润、清晰可见，还可以增加烟尘吸收装置，减少烟尘对空气的污染等，引起学生的好奇心，并让学生参与改变原因的讨论，引导学生进行更富有创造力的思维训练。

（四）扩展学生思维，增加化学与生活的联系

在演示实验过程中要适当扩展相关化学知识的生活化内容。例如，二氧化硫能够杀灭霉菌和细菌，可以作为食物和干果的防腐剂使用，常见的防腐剂有苯甲酸钠、亚硝酸盐、二氧化硫等。再如，动物的肌肉、皮肤、毛发、角甲，许多植物如大豆、花生的主要

成分都是蛋白质，而能让蛋白质变性的有强酸、强碱、重金属盐、加热、紫外线、剧烈震荡等，让学生将化学知识与生活相联系，体会到化学的广泛应用性，最终揭晓二氧化硫作为防腐剂、保鲜剂使用时，主要用到的是二氧化硫的还原性，强酸、强碱和蛋白质反应时，对人体皮肤造成的影响，进而讨论生活用品中的化学应用等，都可以激发学生的学习兴趣，有利于化学知识的学习。

二、高中化学实验教学的知识准备

（一）化学实验室的使用规则与安全知识

1. 化学实验室的使用规则

（1）进入实验室前应认真预习，明确实验目的，了解实验的基本原理、方法、步骤以及有关的基本操作和注意事项。

（2）遵守纪律，不迟到、不早退，不在实验室大声喧哗，保持室内安静。

（3）实验前，先清点所用仪器，如发现破损，立即向指导教师声明补领。如在实验过程中损坏仪器，应及时报告，并填写仪器破损报告单，经指导教师签字后交实验室工作人员处理。

（4）实验时听从教师的指导，严格按操作规程正确操作，仔细观察，积极思考，并随时将实验现象和数据如实记录在专用的记录本上。

（5）公用仪器和试剂瓶等用毕应立即放回原处，不得随意乱拿乱放。试剂瓶中试剂不足时，应报告指导教师，及时补充。

（6）实验时要保持桌面和实验室清洁整齐。废液倒入废液缸，火柴梗、用后的试纸、滤纸等废物一起投入废物篓内，严禁投放至水槽中，以免腐蚀和堵塞水槽及下水道。

（7）实验中严格遵守水、电、煤气和易燃、易爆以及有毒的药品等的安全使用规则。注意节约用水、电和试剂。

（8）实验完毕，将实验桌面、仪器和药品架整理干净。值日生负责做好整个实验室的清洁工作，并关好水、电开关及门窗等。实验室一切物品不得带离实验室。

（9）实验后，根据原始记录，联系理论知识，认真分析问题、处理数据，按要求格式完成实验报告，及时交给指导教师批阅。

2. 化学实验室的安全知识

进行化学实验，经常要使用水、电、煤气、各种仪器和易燃、易爆、腐蚀性强以及有毒的药品等，实验室安全极为重要。如不遵守安全规则而发生事故，不仅会导致实验失败，而且还会危害健康，并造成经济损失。因此，"必须做到认真预习，熟悉各种仪器、药品的性能，掌握实验中的安全注意事项，集中精力进行实验，严格遵守操作规程。此外，还必须了解实验室一般事故的处理等安全知识"[1]。

（1）化学实验室的安全守则。

第一，实验开始前，检查仪器是否完整无损，装置是否正确。了解实验室安全用具放置的位置，熟悉使用各种安全用具（如灭火器、沙桶、急救箱等）的方法。

第二，实验进行时，不得擅自离开岗位。水、电、煤气、酒精灯等使用完毕立即关闭。实验结束后，值日生和最后离开实验室的人员应再一次检查是否被关好。

第三，绝不允许任意混合各种化学药品，以免发生事故。

第四，浓酸、浓碱等具有强腐蚀性的药品，切勿溅在皮肤或衣服上，尤其不可溅入眼睛中。

第五，极易挥发和引燃的有机溶剂（如乙醚、乙醇、丙酮、苯等），使用时必须远离明火，用后要立即塞紧瓶塞，放入阴凉处。

第六，加热时，要严格遵从操作规程。制备或实验具有刺激性、恶臭和有毒的气体时，必须在通风橱内进行。

第七，实验室内任何药品不得进入口中或接触伤口，有毒药品更应特别注意。有毒废液不得倒入水槽，以免与水槽中的残酸作用而产生有毒气体。防止污染环境，增强自身的环境保护意识。

第八，实验室电器设备的功率不得超过电源负载能力。电器设备使用前应检查是否漏电，常用仪器外壳应接地。使用电器时，人体与电器导电部分不能直接接触，也不能用湿手按、触电器插头。

第九，进行危险性实验时，应使用防护眼镜、面罩、手套等防护用具。

第十，不能在实验室内饮食、吸烟。实验结束后必须洗净双手方可离开实验室。

（2）实验室意外事故的处理。

第一，割伤：先取出伤口内的异物，然后在伤口处抹上红药水或撒上消炎粉后用纱布包扎。

第二，烫伤：可先用稀 $KMnO_4$ 或苦味酸溶液冲洗灼伤处。再在伤口处抹上黄色的苦味酸溶液、烫伤膏或万花油，切勿用水冲洗。

第三，酸蚀伤：先用大量水冲洗，然后用饱和 $NaHCO_3$ 液或稀 $NH_3 \cdot H_2O$ 洗，最后再用水冲洗。

第四，碱蚀伤：先用大量水冲洗，再用约 $0.3 mol \cdot L^{-1}$ 醋酸溶液洗，最后再用水冲洗。如果溅入眼中，则先用硼酸溶液洗，再用水洗。

第五，吸入刺激性、有毒气体：吸入 Cl_2、HCl、溴蒸气时，可吸入少量酒精和乙醚的

---

① 薛桂凤，黄学朋．高中化学实验指导与拓展探究 [M]．石家庄：河北人民出版社，2013：3．

混合蒸气使之解毒。吸入 H_2S 气体而感到不适时，立即到室外呼吸新鲜空气。

第六，毒物进入口内：若毒物尚未咽下，应立即吐出来，并用水冲洗口腔；如已吞下，应设法促使呕吐，并根据毒物的性质服解毒剂。

（二）化学实验的仪器及其使用知识

1. 加热仪器的使用

（1）试管：用来盛放少量药品、常温或加热情况下进行少量试剂反应的容器，可用于制取或收集少量气体。使用注意事项：第一，可直接加热，用试管夹夹在距试管口 1/3 处；第二，放在试管内的液体，不加热时不超过试管容积的 1/2，加热时不超过 1/3；第三，加热不能骤冷，防止炸裂；第四，加热时试管口不应对着任何人；给固体加热时，试管要横放，管口略向下倾斜。

（2）烧杯：用作配制溶液和较大量试剂反应的容器，在常温或加热时使用。使用注意事项：第一，加热时应放置在石棉网上，使其受热均匀；第二，溶解物质用玻璃棒搅拌时，不能触及杯壁或杯底。

（3）烧瓶：用于试剂量较大而又有液体物质参加反应的容器，可分为圆底烧瓶、平底烧瓶和蒸馏烧瓶，它们都可用于装配气体发生装置。蒸馏烧瓶用于蒸馏以分离互溶的沸点不同的物质，使用注意事项：第一，圆底烧瓶和蒸馏烧瓶可用于加热，加热时要垫石棉网，也可用于其他热浴（如水浴加热等）；第二，液体加入量不要超过烧瓶容积的 1/2。

（4）蒸发皿：用于蒸发液体或浓缩溶液。使用注意事项：第一，可直接加热，但不能骤冷；第二，盛液量不应超过蒸发皿容积的 2/3；第三，取、放蒸发皿应使用坩埚钳。

（5）坩埚：主要用于固体物质的高温灼烧。使用注意事项：第一，把坩埚放在三脚架的泥三角上直接加热；第二，取、放坩埚时应用坩埚钳。

（6）酒精灯：化学实验时常用的加热热源。使用注意事项：第一，酒精灯的灯芯要平整；第二，添加酒精时，不超过酒精灯容积的 2/3，酒精不少于 1/4；第三，禁止向燃着的酒精灯里添加酒精，以免失火；第四，禁止用酒精灯引燃另一只酒精灯；第五，用完酒精灯，必须用灯帽盖灭，不可用嘴去吹；第六，不要碰倒酒精灯，万一洒出的酒精在桌上燃烧起来，应立即用湿布扑盖。

2. 计量仪器的使用

（1）托盘天平：用于精密度要求不高的称量，能称准到 0.1g。所附砝码是天平上称量时衡定物质质量的标准。使用注意事项：第一，称量前天平要放平稳，游码放在刻度尺的零处，调节天平左、右的平衡螺母，使天平平衡；第二，称量时把称量物放在左盘，砝码放在右盘。砝码要用镊子夹取，先加质量大的砝码，再加质量小的砝码；第三，称量干燥的固体药品应放在纸上称量；第四，易潮解、有腐蚀性的药品（如氢氧化钠），必须放在玻璃器皿里称量；第五，称量完毕后，应把砝码放回砝码盒中，把游码移回零处。

（2）量筒：用来度量液体体积，精确度不高。使用注意事项：第一，不能加热和量取热的液体，不能做反应容器，不能在量筒里稀释溶液；第二，量液时，量筒必须放平，视线要跟量筒内液体的凹液面的最低处保持水平，再读出液体体积。

（3）容量瓶：用于准确配制一定体积和一定浓度的溶液。使用前检查是否漏水。用玻璃棒引流的方法将溶液转入容量瓶。使用注意事项：第一，只能配制容量瓶上规定容积的溶液；第二，容量瓶的容积是在20℃时标定的，转移到瓶中的溶液的温度应在20℃左右。

（4）滴定管：用于准确量取一定体积液体的仪器。带玻璃活塞的滴定管为酸式滴定管，带有内装玻璃球的橡皮管的滴定管为碱式滴定管。使用注意事项：第一，酸式、碱式滴定管不能混用；第二，25mL、50mL滴定管的估计读数为 ± 0.01 mL；第三，装液前要用洗液、水依次冲洗干净，并要用待装的溶液润洗滴定管；第四，调整液面时，应使滴管的尖嘴部分充满溶液，使液面保持在"0"或"0"以下的某一刻度。读数时视线与管内液面的最凹点保持水平。

（5）量气装置：可用广口瓶与量筒组装而成。排到量筒中水的体积，即是该温度、压强下所产生的气体的体积。适用于测量难溶于水的气体体积。

3. 分离物质仪器的使用

（1）漏斗：分普通漏斗、长颈漏斗、分液漏斗。普通漏斗用于过滤或向小口容器转移液体。长颈漏斗用于气体发生装置中注入液体。分液漏斗用于分离密度不同且互不相溶的不同液体，也可用于向反应器中随时加液，也用于萃取分离。

（2）洗气瓶：中学的实验室一般用广口瓶、锥形瓶或大试管装配洗气瓶。洗气瓶内盛放的液体，用以洗涤气体，除去其中的水分或其他气体杂质。使用时，要注意气体的流向，一般为"长进短出"。

（3）干燥管：干燥管内盛放的固体，用以洗涤气体，除去其中的水分或其他气体杂质，也可以使用 U 型管。

（三）进行化学实验的基本操作知识

1. 实验仪器洗涤的知识

玻璃仪器洗净的标准：内壁上附着的水膜均匀，既不聚成水滴，也不成股流下。

（1）普通法：可向容器中加水，选择合适毛刷，配合去污粉或一般洗涤剂反复洗涤，然后用水冲洗干净。

（2）特殊法：容器内附有普通法不能洗去的特殊物质，可选用特殊的试剂，利用有机溶剂或化学反应将其洗涤。

2. 实验室药品取用知识

（1）实验室里所用的药品，很多是易燃、易爆、有腐蚀性或有毒的，因此在使用时一定要严格遵照有关规定和操作规程，保证安全。不能用手接触药品，不要把鼻孔凑到容器口去闻药品（特别是气体）的气味，不得尝任何药品的味道。注意节约药品，严格按照实验规定的用量取用药品。如果没有说明用量，一般应按最少量取用：液体 1 ~ 2mL，固体只需要盖满试管底部。实验剩余的药品既不能放回原瓶，也不要随意丢弃，更不要拿出实验室，要放入指定的容器内。

（2）固体药品的取用。取用固体药品一般用药匙。往试管里装入固体粉末时，为避免药品沾在管口和管壁上，先使试管倾斜，把盛有药品的药匙（或用小纸条折叠成的纸槽）小心地送入试管底部，然后使试管直立起来，让药品全部落到底部。有些块状的药品可用镊子夹取。

（3）液体药品的取用。取用很少量液体时可用胶头滴管吸取。取用较多量液体时可用直接倾注法。取用细口瓶里的药液时，先拿下瓶塞，倒放在桌上，然后拿起瓶子（标签应对着手心），瓶口要紧挨着试管口，使液体缓缓地倒入试管。注意防止残留在瓶口的药液流下来，腐蚀标签。一般往大口容器或容量瓶、漏斗里倾注液体时，应用玻璃棒引流。

3. 实验试纸使用的知识

试纸种类一般包括：①石蕊试纸：检验酸碱性（定性）；② pH 试纸：检验酸、碱性的强弱（定量）；③品红试纸：检验 SO_2 等漂白性物质；④淀粉 –KI 试纸：检验 Cl_2 等有氧化性物质。

试纸的使用方法包括：第一，检验液体：取一小块试纸放在表面皿或玻璃片上，用沾有待测液的玻璃棒点在试纸的中部，观察颜色变化。第二，检验气体：一般先用蒸馏水把试纸润湿，粘在玻璃棒的一端，用玻璃棒把试纸放到盛有待测气体的试管口（注意不要接触），观察颜色变化。使用时需要注意：一是试纸不可伸入溶液中，也不能与管口接触；二是测溶液 pH 时，pH 试纸不能先润湿，因为这相当于将原溶液稀释了。

4. 实验溶液配制的知识

（1）配制溶质质量分数一定的溶液。

计算：算出所需溶质和水的质量。把水的质量换算成体积。如溶质是液体时，要算出液体的体积。

称量：用天平称取固体溶质的质量，用量筒量取所需液体的体积。

溶解：将固体或液体溶质倒入烧杯里，加入所需的水，用玻璃棒搅拌使溶质完全溶解。

（2）配制一定物质的量浓度的溶液。

计算：算出固体溶质的质量或液体溶质的体积。

称量：用托盘天平称取固体溶质质量，用量筒量取所需液体溶质的体积。

溶解：将固体或液体溶质倒入烧杯中，加入适量的蒸馏水（约为所配溶液体积的1/6），用玻璃棒搅拌使之溶解，冷却到室温后，将溶液引流注入容量瓶里。

洗涤（转移）：用适量蒸馏水将烧杯及玻璃棒洗涤 2 ~ 3 次，将洗涤液注入容量瓶，振荡，使溶液混合均匀。

定容：继续往容量瓶中小心地加水，直到液面接近刻度 2 ~ 3mm 处，改用胶头滴管加水，使溶液凹面恰好与刻度相切。把容量瓶盖紧，再振荡摇匀。

5. 实验过滤操作的知识

过滤是除去溶液里混有不溶于溶剂的杂质的方法，过滤时应注意如下：

（1）一贴：将滤纸折叠好放入漏斗，加少量蒸馏水润湿，使滤纸紧贴漏斗内壁。

（2）二低：滤纸边缘应略低于漏斗边缘，加入漏斗中液体的液面应略低于滤纸的边缘。

（3）三靠：向漏斗中倾倒液体时，烧杯的夹嘴应与玻璃棒接触；玻璃棒的底端应和过滤器有三层滤纸处轻轻接触；漏斗颈的末端应与接收器的内壁相接触，如用过滤法除去粗食盐中少量的泥沙。

6. 中和滴定过程的知识

（1）准备过程：①查滴定管是否漏水；②洗涤滴定管及锥形瓶；③用少量标准液润洗装标准液的滴定管及用待测液润洗量取待测液的滴定管；④装液体、排气泡、调零点并记录初始读数。

（2）滴定过程：①姿态：左手控制活塞或小球，右手摇动锥形瓶，眼睛注视锥形瓶内溶液颜色变化及滴速。②滴定过程滴速：逐滴滴入，当接近终点时，应一滴一摇。③终点：最后一滴刚好使指示剂颜色发生明显改变时即为终点，且半分钟颜色不恢复，记录读数。

7. 实验蒸发结晶的知识

蒸发是将溶液浓缩、溶剂气化或溶质以晶体析出的方法。结晶是溶质从溶液中析出晶体的过程，可以用来分离和提纯几种可溶性固体的混合物。结晶的原理是根据混合物中各成分在某种溶剂里的溶解度的不同，通过蒸发减少溶剂或降低温度使溶解度变小，从而使晶体析出。加热蒸发皿使溶液蒸发时，要用玻璃棒不断搅动溶液，防止由于局部温度过高，造成液滴飞溅。当蒸发皿中出现较多的固体时，即停止加热，例如，用结晶的方法分离 NaCl 和 KNO_3 混合物。

8. 蒸馏原理的相关知识

蒸馏是提纯或分离沸点不同的液体混合物的方法。用蒸馏原理进行多种混合液体的分离，叫作分馏。操作时要注意：第一，在蒸馏烧瓶中放少量碎瓷片，防止液体暴沸；第二，温度计水银球的位置应与支管底口下缘位于同一水平线上；第三，蒸馏烧瓶中所盛放液体不能超过其容积的 2/3，也不能少于 1/3；第四，冷凝管中冷却水从下口进，从上口出；第五，加热温度不能超过混合物中沸点最高物质的沸点，如用分馏的方法进行石油的分馏。

9. 分液萃取的相关知识

分液是把两种互不相溶、密度也不相同的液体分离开的方法。萃取是利用溶质在互不相溶的溶剂里的溶解度不同，用一种溶剂把溶质从它与另一种溶剂所组成的溶液中提取出来的方法。选择的萃取剂应符合的要求包括：和原溶液中的溶剂互不相溶；对溶质的溶解度要远大于原溶剂，并且溶剂易挥发。

在萃取过程中要注意：第一，将要萃取的溶液和萃取溶剂依次从上口倒入分液漏斗，其量不能超过漏斗容积的 2/3，塞好塞子进行振荡；第二，振荡时右手捏住漏斗上口的颈部，并用食指根部压紧塞子，以左手握住旋塞，同时用手指控制活塞，将漏斗倒转过来用力振荡；第三，将分液漏斗静置，待液体分层后进行分液，分液时下层液体从漏斗口放出，上层液体从上口倒出，例如，用四氯化碳萃取溴水里的溴。

10. 升华渗析与盐析知识

升华是指固态物质吸热后不经过液态直接变成气态的过程。利用某些物质具有升华的特性，将这种物质和其他受热不升华的物质分离开来。

渗析指利用半透膜（如膀胱膜、羊皮纸、玻璃纸等），使胶体跟混在其中的分子、离子分离的方法。常用渗析的方法来提纯、精制胶体溶液。

盐析一般是指溶液中加入无机盐类而使某种物质溶解度降低而析出的过程。向某些蛋白质溶液中加入某些无机盐溶液后，可以降低蛋白质的溶解度，使蛋白质凝聚而从溶液中析出，这种作用叫作盐析，是物理变化，可复原。向某些蛋白质溶液中加入某些重金属盐，可以使蛋白质性质发生改变而凝聚，进而从溶液中析出，这种作用叫作变性，性质改变，是化学反应，无法复原。把动物脂肪或植物油与氢氧化钠按一定比例放在皂化锅内搅拌加热，反应后的高级脂肪酸钠、甘油、水形成混合物。往锅内加入食盐颗粒，搅拌、静置，使高级脂肪酸钠与甘油、水分离，浮在液面上（该反应用以制肥皂）。

（四）开展化学实验操作的注意事项

1. 实验安全操作的"十三防"

（1）防倒吸：第一，有加热装置，可能由于受热不均，装置内压强不恒定而倒吸。如乙酸乙酯的制取，导管悬于饱和 Na_2CO_3 液面上方。第二，易溶气体的吸收。如 HCl、NH_3 溶于水加装倒扣漏斗。第三，骤冷。如排水法制气注意酒精灯的熄灭顺序。

（2）防爆炸：第一，点燃可燃性气体。如 H_2、CO、CH_4、H_2S、C_2H_2、C_2H_4 先验纯。第二，易爆气体实验。如 CO、H_2 还原 CuO、Fe_2O_3 要先验纯。第三，密闭容器反应强放热或气体体积明显增大的反应。

（3）防炸裂：第一，玻璃仪器受热不均而炸裂。例如：①试管加热时先均匀受热，然后集中在药品部位加热；②烧瓶、烧杯等隔着石棉网加热。第二，骤冷骤热易炸裂。例如：①玻璃仪器加热前先将外壁擦拭干；②固体在集气瓶中燃烧铺少量细沙或水；③气体进入干加热装置前先干燥；④冷凝管冷凝水下进上出；⑤加装防倒吸装置。第三，厚壁玻璃仪器不能受热。例如：①量筒只用于量取，不能用于溶解或反应；②启普发生器使用时，反应不能强放热，如不能用于制乙炔。

（4）防暴沸：第一，稀释浓硫酸应将浓硫酸加到水中并不断搅拌；第二，溶液加热放碎瓷片。

（5）防倒流：固体加热制气体 $KClO_3$ 和 MnO_2 制备氧气、CH_3COONa 和碱石灰制备 CH_4，试管底部要抬高一些。

（6）防堵塞：第一，$KClO_3$ 和 MnO_2 制备氧气、NH_4Cl 和 Ca（OH）$_2$ 制备 NH_3、CH_3COONa 和碱石灰制备 CH_4、CaC_2 和 H_2O 制备乙炔，导管口放少量棉花；第二，易升华的物质易遇冷凝固堵塞导管。

（7）防失火：第一，实验中可燃物要远离火源或点燃。如 H_2 还原 CuO、Fe_2O_3 反应开始后应将在出口处将氢气点燃。第二，易燃废物慎处理。如实验剩余的钠放回原瓶。第三，不向燃着的酒精灯中添加酒精。

（8）防泄漏：第一，检查装置气密性；第二，检查滴定管、容量瓶、分液漏斗是否漏液。

（9）防污染：第一，环境污染：①有毒有害气体应尾气吸收或处理。如碱液或蘸碱液的棉花吸收氯气、二氧化硫等；一氧化碳尾气用酒精灯点燃或用气球收集。②废液、废固集中收集处理。第二，药品污染：①用剩的药品不能放回原瓶应另装。②胶头滴管、药匙尽量专用或及时洗涤后再用。③胶头滴管滴加液体不伸入试管滴加（制氢氧化亚铁除外）。④打开药品瓶的瓶盖应倒放在桌面上。

（10）防腐蚀：第一，从试剂瓶中取液体，标签向手心。第二，酸碱弄到皮肤上，先大量水洗再分别涂 3% ~ 5% 的碳酸氢钠、硼酸溶液；酸碱弄到桌面上，先用布擦或中和，再用大量水洗。第三，仪器装置防腐蚀，例如：①滴定管使用分清酸式或碱式；②碘水、高锰酸钾溶液不应装在碱式滴定管中（腐蚀胶管）；③作 Br_2 的实验导管连接处的玻璃管尽可能紧挨，防止胶管腐蚀。

（11）防喷溅：第一，试管液体加热沸腾时要不断上下移动，并且试管口朝向向着无人的地方。第二，固体粉末加热生成气体时易将固体喷出，如 $KClO_3$ 和 MnO_2 制备氧气、

NH_4Cl 和 $Ca(OH)_2$ 制备 NH_3、CH_3COONa 和碱石灰制备 CH_4，从试管中部向试管底部移动酒精灯。第三，蒸发结晶时用玻璃棒不断搅拌，当有多量固体时即停止加热。第四，钾和水反应剧烈，烧杯应盖玻璃片。第五，浓硫酸稀释应将浓硫酸加到水中并不断搅拌。

（12）防受伤：第一，割伤、扎伤（安装导管先用水润湿并慢慢旋转安装）；第二，烧伤、烫伤；第三，眼部受伤，酸碱溅入眼中要大量水洗，边洗边眨。

（13）防中毒：有毒有害气体应在通风橱中进行，如 Cl_2、HCl、CO、SO_2、H_2S、NO、NO_2 等。

2. 化学实验操作的"七原则"

下面以 Cl_2 实验室制法为例，化学实验操作需要重点掌握的"七原则"如下：

（1）"从下往上"原则。装配发生装置顺序是：放好铁架台—摆好酒精灯—根据酒精灯位置固定好铁圈—石棉网—固定好圆底烧瓶。

（2）"从左到右"原则。装配复杂装置应遵循从左到右顺序。装置装配顺序为：发生装置—集气瓶—尾气吸收。

（3）先"塞"后"定"原则。带导管的塞子在烧瓶固定前塞好，以免烧瓶固定后因不宜用力而塞不紧或因用力过猛而损坏仪器。

（4）"固体先放"原则。烧瓶内试剂 MnO_2 应在烧瓶固定前装入，以免固体放入时损坏烧瓶。总而言之，固体试剂应在固定前加入相应容器中。

（5）"液体后加"原则。液体药品在烧瓶固定后加入。浓盐酸应在烧瓶固定后在分液漏斗中缓慢加入。

（6）先验气密性（装入药口前进行）原则。

（7）后点酒精灯（所有装置装完后再点酒精灯）原则。

3. 化学实验中的温度计使用

（1）测反应混合物的温度：这种类型的实验需要测出反应混合物的准确温度，因此，应将温度计插入混合物中间：测物质溶解度；实验室制乙烯。

（2）测蒸气的温度：这种类型的实验，多用于测量物质的沸点，由于液体在沸腾时，液体和蒸气的温度相同，所以只要测蒸气的温度：实验室蒸馏石油；测定乙醇的沸点。

（3）测水浴温度：这种类型的实验，往往只要使反应物的温度保持相对稳定，所以利用水浴加热，温度计则插入水浴中：温度对反应速率影响的反应；苯的硝化反应。

4. 去除杂质常用的十种方法

（1）杂质转化法：如欲除去苯中的苯酚，可加入 $NaOH$ 溶液，使苯酚转化为苯酚钠，利用苯酚钠易溶于水，使之与苯分开。欲除去 Na_2CO_3 中的 $NaHCO_3$ 可用加热的方法。

若 Na_2SO_4 溶液中混有少量 Na_2CO_3，为了不引入新的杂质并增加 SO_4^{2-}，可加入适量的稀 H_2SO_4，将 CO_3^{2-} 转化为 CO_2 气体而除去。若在 $FeCl_3$ 溶液里含有少量 $FeCl_2$ 杂质，可通入适量的 Cl_2 将 $FeCl_2$ 氧化为 $FeCl_3$。若在 $FeCl_2$ 溶液里含有少量 $FeCl_3$，可加入适量的铁粉而将其除去。若用磺化煤（NaR）做阳离子交换剂，与硬水里的 Ca^{2+}、Mg^{2+} 进行交换，可使硬水软化。

（2）吸收洗涤法：欲除 CO_2 中混有的少量 HCl 和水蒸气，可使混合气体先通过饱和 $NaHCO_3$ 溶液后，再通过浓硫酸。

（3）沉淀过滤法：欲除去 $FeSO_4$ 溶液中混有的少量 $CuSO_4$，加入过量铁粉，待充分反应后，过滤除去不溶物，达到目的。又如 NaCl 溶液里混有少量的 $MgCl_2$ 杂质，可加入过量的 NaOH 溶液，使 Mg^{2+} 离子转化为 $Mg(OH)_2$ 沉淀（但引入新的杂质 OH^-），过滤除去 $Mg(OH)_2$，然后加入适量盐酸，调节 pH 为中性。

（4）加热升华法：欲除去碘中的沙子，可采用此法。

（5）溶剂萃取法：欲除去水中含有的少量溴，可采用此法。

（6）溶液结晶法（结晶和重结晶）：欲除去 $NaNO_3$ 溶液中少量的 NaCl，可利用二者的溶解度不同，降低溶液温度，使 $NaNO_3$ 结晶析出，得到 $NaNO_3$ 纯晶。

（7）分馏蒸馏法：欲除去乙醚中少量的酒精，可采用多次蒸馏的方法。

（8）分液法：欲将密度不同且又互不相溶的液体混合物分离，可采用此法，如将苯和水分离。

（9）渗析法：欲除去胶体中的离子，可采用此法。如除去 $Fe(OH)_3$ 体中的 Cl^-。

（10）综合法：欲除去某物质中的杂质，可采用以上各种方法或多种方法综合运用。

5. 化学实验操作十五个"不"

（1）实验室里的药品，不能用手接触；不要鼻子凑到容器口去闻气体的气味，更不能尝结晶的味道。

（2）做完实验，用剩的药品不得丢弃，也不要放回原瓶（活泼金属钠、钾等例外）。

（3）取用液体药品时，把瓶塞打开不要正放在桌面上；瓶上的标签应向着手心，不应向下；放回原处时标签不应向里。

（4）如果皮肤上不慎洒上浓 H_2SO_4，不得先用水洗，应根据情况迅速用布擦去，再用水冲洗；若眼睛里溅进了酸或碱，切不可用手揉眼，应及时想办法处理。

（5）称量药品时，不能把称量物直接放在托盘上；也不能把称量物放在右盘上；加砝码时不要用手去拿。

（6）用滴管添加液体时，不要把滴管伸入量筒（试管）或接触筒壁（试管壁）。

（7）向酒精灯里添加酒精时，不得超过酒精灯容积的 2/3，也不得少于容积的 1/3。

（8）不得用燃着的酒精灯去对点另一盏酒精灯；熄灭时不得用嘴去吹。

（9）给物质加热时不得用酒精灯的内焰和焰心。

（10）给试管加热时，不要把拇指按在试管夹短柄上；切不可使试管口对着自己或旁人；液体的体积一般不要超过试管容积的1/3。

（11）给烧瓶加热时不要忘了垫上石棉网。

（12）用坩埚或蒸发皿加热完后，不要直接用手拿回，应用坩埚钳夹取。

（13）使用玻璃容器加热时，不要使玻璃容器的底部跟灯芯接触，以免容器破裂。烧得很热的玻璃容器，不要用冷水冲洗或放在桌面上，以免破裂。

（14）过滤液体时，漏斗里的液体的液面不要高于滤纸的边缘，以免杂质进入滤液。

（15）在烧瓶口塞橡皮塞时，切不可把烧瓶放在桌上再使劲塞进塞子，以免压破烧瓶。

6. 化学实验的"先"和"后"

（1）加热试管时，应先均匀加热后局部加热。

（2）用排水法收集气体时，先拿出导管后撤酒精灯。

（3）制取气体时，先检验气密性后装药品。

（4）收集气体时，先排净装置中的空气后再收集。

（5）稀释浓硫酸时，烧杯中先装一定量蒸馏水后再沿器壁缓慢注入浓硫酸。

（6）点燃 H_2、CH_4、C_2H_4、C_2H_2 等可燃气体时，先检验纯度后点燃。

（7）检验卤代烃分子的元素时，在水解后的溶液中先加稀 HNO_3 后加 $AgNO_3$ 溶液。

（8）检验 NH_3（用红色石蕊试纸）、Cl_2（用淀粉–KI试纸）、H_2S［用 Pb（Ac）$_2$ 试纸］等气体时，先用蒸馏水润湿试纸后与气体接触。

（9）做固体药品之间的反应实验时，先单独研碎后再混合。

（10）配制 $FeCl_3$、$SnCl_2$ 等易水解的盐溶液时，先溶于少量浓盐酸中，后稀释。

（11）中和滴定实验时，用蒸馏水洗过的滴定管先用标准液润洗后再装标准液；先用待测液润洗后再移取液体；滴定管读数时先等 1～2 分钟后再读数；观察锥形瓶中溶液颜色的改变时，先等半分钟颜色不变后即为滴定终点。

（12）焰色反应实验时，每做一次，铂丝应先蘸上稀盐酸放在火焰上灼烧，直到无色时，再做下一次实验。

（13）用 H_2 还原 CuO 时，先通 H_2 流，后加热 CuO，反应完毕后先撤酒精灯，冷却后再停止通 H_2。

（14）配制物质的量浓度溶液时，先用烧杯加蒸馏水至容量瓶刻度线 1～2cm 后，再改用胶头滴管加水至刻度线。

（15）安装发生装置时，遵循的原则是：自下而上，先左后右或先下后上，先左后右。

（16）浓 H_2SO_4 不慎洒到皮肤上，先迅速用布擦干，再用水冲洗，最后涂上 3% ~ 5% 的 $NaHCO_3$ 溶液。沾上其他酸时，先水洗，后涂 $NaHCO_3$ 溶液。

（17）碱液沾到皮肤上，先水洗后涂硼酸溶液。

（18）酸（或碱）流到桌子上，先加 $NaHCO_3$ 溶液（或醋酸）中和，再水洗，最后用布擦。

（19）检验蔗糖、淀粉、纤维素是否水解时，先在水解后的溶液中加 NaOH 溶液中和 H_2SO_4，再加银氨溶液或 $Cu（OH）_2$ 悬浊液。

（20）用 pH 试纸时，先用玻璃棒蘸取待测溶液涂到试纸上，再把试纸显示的颜色跟标准比色卡对比，定出 pH 值。

（21）配制和保存 Fe^{2+}、Sn^{2+} 等易水解、易被空气氧化的盐溶液时；先把蒸馏水煮沸赶走 O_2，再溶解，并加入少量的相应金属粉末和相应酸。

（22）称量药品时，先在盘上各放两张大小、重量相等的纸（腐蚀药品放在烧杯等玻璃器皿），再放药品。加热后的药品，先冷却，后称量。

7.实验中导管和漏斗位置放置

（1）气体发生装置中的导管在容器内的部分都只能露出橡皮塞少许或与其平行，不然将不利于排气。

（2）用排空气法（包括向上和向下）收集气体时，导管都必须伸到集气瓶或试管的底部附近。这样利于排尽集气瓶或试管内的空气，而收集到较纯净的气体。

（3）用排水法收集气体时，导管只需要伸到集气瓶或试管的口部。原因是导管伸入集气瓶和试管的多少都不影响气体的收集，但两者比较，前者操作方便。

（4）进行气体与溶液反应的实验时，导管应伸到所盛溶液容器的中下部。这样利于两者接触，充分发生反应。

（5）点燃 H_2、CH_4 等并证明有水生成时，不仅要用大而冷的烧杯，而且导管以伸入烧杯的 1/3 为宜。若导管伸入烧杯过多，产生的雾滴则会很快气化，结果观察不到水滴。

（6）进行一种气体在另一种气体中燃烧的实验时，被点燃的气体的导管应放在盛有另一种气体的集气瓶的中央。不然，若与瓶壁相碰或离得太近，燃烧产生的高温会使集气瓶炸裂。

（7）用加热方法制得的物质蒸气，在试管中冷凝并收集时，导管口都必须与试管中液体的液面始终保持一定的距离，以防止液体经导管倒吸到反应器中。

（8）若需将 HCl、NH_3 等易溶于水的气体直接通入水中溶解，都必须在导管上倒接一漏斗并使漏斗边沿少许浸入水面，以避免水被吸入反应器而导致实验失败。

（9）洗气瓶中供进气的导管务必插到所盛溶液的中下部，以利杂质气体与溶液充分反应而除尽。供出气的导管则又务必与塞子齐平或稍长一点，以利排气。

（10）制 H_2、CO_2、H_2S 和 C_2H_2 等气体时，为方便添加酸液或水，可在容器的塞子上装一长颈漏斗，且务必使漏斗颈插到液面以下，以免漏气。

（11）制 Cl_2、HCl、C_2H_4 气体时，为方便添加酸液，也可以在反应器的塞子上装一漏斗。但由于这些反应都需要加热，所以漏斗颈都必须置于反应液之上，因而都选用分液漏斗。

8. 实验特殊试剂的存放与取用

（1）Na、K：保存时要注意隔绝空气，防氧化，保存在煤油中（或液态烷烃中），用石蜡密封保存。用镊子取，玻片上切，滤纸吸煤油，剩余部分随即放入煤油中。

（2）白磷：保存在水中，防氧化，放冷暗处。用镊子取，并立即放入水中用长柄小刀切取，滤纸吸干水分。

（3）液溴：有毒易挥发，盛于磨口的细口瓶中，并用水封。瓶盖严密。

（4）I_2：易升华，且具有强烈刺激性气味，应保存在用蜡封好的瓶中，放置于低温处。

（5）浓 HNO_3、$AgNO_3$：见光易分解，应保存在棕色瓶中，放在低温避光处。

（6）固体烧碱：易潮解，应用易于密封的干燥大口瓶保存。瓶口用橡胶塞塞严或用塑料盖盖紧。

（7）$NH_3 \cdot H_2O$：易挥发，应密封放低温处。

（8）Fe^{2+} 盐溶液、H_2SO_3 及其盐溶液、氢硫酸及其盐溶液：因易被空气氧化，不宜长期放置，应现用现配。

（9）卤水、石灰水、银氨溶液、$Cu(OH)_2$ 悬浊液等，都要随配随用，不能长时间放置。

9. 重要实验操作以及实验现象

（1）镁条在空气中燃烧：发出耀眼强光，放出大量的热，生成白烟，同时生成白色物质。

（2）木炭在氧气中燃烧：发出白光，放出热量。

（3）硫在氧气中燃烧：发出明亮的蓝紫色火焰，放出热量，生成一种有刺激性气味的气体。

（4）铁丝在氧气中燃烧：剧烈燃烧，火星四射，放出热量，生成黑色固体物质。

（5）加热试管中碳酸氢铵：有刺激性气味气体生成，试管壁上有液滴生成。

（6）氢气在空气中燃烧：火焰呈现淡蓝色。

（7）氢气在氯气中燃烧：发出苍白色火焰，产生大量的热。

（8）在试管中用氢气还原氧化铜：黑色氧化铜变为红色物质，试管口有液滴生成。

（9）用木炭粉还原氧化铜粉末，使生成气体通入澄清石灰水，黑色氧化铜变为有光泽的金属颗粒，石灰水变浑浊。

（10）一氧化碳在空气中燃烧：发出淡蓝色的火焰，放出热量。

（11）向盛有少量碳酸钾固体试管中滴加盐酸：有气体生成。

（12）加热试管中的硫酸铜晶体：蓝色晶体逐渐变为白色粉末，且试管口有液滴生成。

（13）钠在氯气中燃烧：剧烈燃烧，火焰呈黄色，生成白色固体（白烟）。

（14）点燃纯净的氢气：用干冷烧杯罩在火焰上，发出淡蓝色火焰，烧杯内壁有液滴生成。

（15）向含有 Cl^{-1} 的溶液中滴加用硝酸酸化的硝酸银溶液：有白色沉淀生成。

（16）向含有 SO_4^{2-} 的溶液中滴加硝酸酸化的氯化钡溶液：有白色沉淀生成。

（17）带锈铁钉投入盛稀硫酸的试管中并加热：铁锈逐渐溶解，溶液呈浅黄色，并有气体生成。

（18）在硫酸铜溶液中滴加氢氧化钠溶液：有蓝色絮状沉淀生成。

（19）将适量 Cl_2 通入无色 KI 溶液中：溶液中有褐色的物质产生。

（20）在三氯化铁溶液中滴加氢氧化钠溶液：有红褐色沉淀产生。

（21）盛有生石灰的试管里加少量水：反应剧烈，放出大量热。

（22）将一洁净铁钉浸入硫酸铜溶液中：铁钉表面有红色物质附着，溶液颜色逐渐变浅。

（23）将铜片插入硝酸汞溶液中：铜片表面有银白色物质附着。

（24）向盛有石灰水的试管里，注入浓的碳酸钠溶液：有白色沉淀生成。

（25）细铜丝在氯气中燃烧后加入水：有棕色的烟生成，加水后生成绿色的溶液。

（26）强光照射氢气、氯气的混合气体：迅速反应发生爆炸。

（27）新制氯水呈黄绿色，光照有气泡产生，久置氯水无色。

（28）氯水中滴加 $AgNO_3$ 溶液：有白色沉淀生成。

（29）氯水中滴加碳酸钠溶液：有气泡产生。

（30）氯水中滴加石蕊试液：先变红后褪色。

（31）红磷在氯气中燃烧：有白色烟雾生成。

（32）湿润的淀粉碘化钾试纸遇到氯气：试纸变蓝。

（33）氯气遇到湿润有色布条：有色布条的颜色褪色。

（34）加热浓盐酸与二氧化锰的混合物：有黄绿色刺激性气味气体生成。

（35）给氯化钠（固）与硫酸（浓）的混合物加热：有雾生成且有刺激性气味的气体生成。

（36）在溴化钠溶液中滴加硝酸银溶液后再加稀硝酸：有浅黄色沉淀生成。

（37）在碘化钾溶液中滴加硝酸银溶液后再加稀硝酸：有黄色沉淀生成。

（38）溴水中滴加四氯化碳：溶液分层，上层接近无色，下层呈橙色。

（39）碘水中滴加四氯化碳：溶液分层，上层接近无色，下层呈紫色。

（40）溴水中滴加汽油：溶液分层，下层接近无色，上层呈橙色。

（41）碘水中滴加苯：溶液分层，下层接近无色，上层呈紫色。

（42）溴水中加入镁粉：溴水褪色。

（43）溴水中滴加氢氧化钠溶液：溴水褪色。

（44）溴水中通入二氧化硫气体：溴水褪色。

（45）I_2 遇淀粉溶液：生成蓝色溶液。

（46）细铜丝在硫蒸气中燃烧：细铜丝发红后生成黑色物质。

（47）铁粉与硫粉混合后加热到红热：反应继续进行，放出大量的热，生成黑色物质。

（48）硫化氢气体不完全燃烧（在火焰上罩上蒸发皿）：火焰呈淡蓝色（蒸发皿底部有淡黄色的粉末）。

（49）硫化氢气体完全燃烧（在火焰上罩干而冷的烧杯）：火焰呈淡蓝色，生成有刺激性气味的气体（烧杯内壁有液滴生成）。

（50）氯化铁溶液中通入硫化氢气体：溶液由棕黄色变为浅绿色，并有浅黄色沉淀生成。

（51）集气瓶中混有硫化氢和二氧化硫：瓶内壁有浅黄色粉末生成。

（52）二氧化硫气体通入品红溶液后再加热：红色褪去，加热后又恢复原来的颜色。

（53）过量的铜投入盛有浓硫酸的试管，并加热，反应完毕，待溶液冷却后加水：有刺激性气味的气体生成，加水后溶液呈蓝色。

（54）加热盛有浓硫酸和木炭的试管：有气体生成，且气体有刺激性的气味。

（55）钠在空气中燃烧：火焰呈黄色，生成淡黄色物质。

（56）钠投入水中：反应激烈，钠浮于水面，放出大量的热使钠熔成小球在水面上游动，有"嘶嘶"声。

（57）钠投入硫酸铜溶液中：反应激烈，钠浮于水面，放出大量的热使钠熔成小球在水面上游动，有"嘶嘶"声，有蓝色絮状沉淀生成。

（58）把水滴入盛有过氧化钠固体的试管里，将带火星的木条伸入试管口：木条复燃。

（59）加热碳酸氢钠固体，使生成气体通入澄清石灰水：澄清石灰水变浑浊。

（60）氨与氯化氢相遇：有大量的白烟产生。

（61）加热氯化铵与氢氧化钙的混合物：有刺激性气味的气体产生。

（62）加热盛有固体氯化铵的试管：NH_4Cl 受热分解，在试管口又有白色晶体产生。

（63）无色试剂瓶内的浓硝酸受到阳光照射：瓶中空间部分显棕色，硝酸成黄色。

（64）铜片与浓硝酸反应：反应激烈，有红棕色气体生成。

（65）铜片与稀硝酸反应：试管下端产生无色气体，气体上升逐渐变成红棕色。

（66）在硅酸钠溶液中加入稀盐酸：有白色胶状沉淀产生。

（67）在氢氧化铁胶体中加硫酸镁溶液：胶体变浑浊。

（68）将点燃的镁条伸入盛有二氧化碳的集气瓶中：剧烈燃烧，有黑色物质附着于集气瓶内壁。

（69）向硫酸铝溶液中滴加氨水：生成蓬松的白色絮状沉淀。

（70）向硫酸亚铁溶液中滴加氢氧化钠溶液：有白色絮状沉淀生成并立即转变为灰绿色，最后转变成红褐色沉淀。

（71）向含 Fe^{3+} 的溶液中滴入 KSCN 溶液：溶液呈血红色。

（72）硫化钠水溶液中滴加氯水：溶液变浑浊。

（73）向天然水中加入少量肥皂液：泡沫逐渐减少，且有沉淀生成。

（74）在空气中点燃甲烷，并在火焰上方罩干冷的烧杯：火焰呈淡蓝色，烧杯内壁有液滴生成。

（75）光照甲烷与氯气的混合气体：黄绿色逐渐变浅（时间较长，容器内壁有液滴生成）。

（76）加热（170℃）乙醇与浓硫酸的混合物，并将产生的气体分别通入溴水和酸性高锰酸钾溶液：有气体生成，溴水褪色，高锰酸钾溶液紫色逐渐变浅，直至褪色。

（77）在空气中点燃乙烯：火焰明亮，有黑烟生成，放出热量。

（78）在空气中点燃乙炔：火焰明亮，有浓烟生成，放出热量。

（79）苯在空气中燃烧：火焰明亮，并带有黑烟。

（80）乙醇在空气中燃烧：火焰呈现淡蓝色。

（81）将乙炔通入溴水中：溴水褪色。

（82）将乙炔通入酸性高锰酸钾溶液中：紫色逐渐变浅，直至褪去。

（83）苯与溴在有铁做催化剂的条件下反应：有白雾生成，生成物呈油状且带有褐色。

（84）将少量甲苯加入适量高锰酸钾溶液中，振荡：紫色褪去。

（85）将金属钠投入盛有乙醇的试管中：有气体放出。

（86）在盛有少量苯酚的试管中滴入过量的浓溴水：有白色沉淀生成。

（87）在盛有苯酚的试管中滴入几滴三氯化铁溶液：溶液显紫色。

（88）乙醛与银氨溶液在试管中反应：洁净的试管内壁附着一层光亮如镜的物质。

（89）在加热至沸的条件下，乙醛与新制的氢氧化铜反应：有砖红色沉淀生成。

（90）在适宜的条件下乙醇和乙酸反应：有透明的带有香味的油状液体生成。

（91）蛋白质遇到浓硝酸溶液：变成黄色。

（92）蛋白质灼烧时：产生具有烧焦羽毛的气味。

（93）紫色的石蕊试液遇碱：变成蓝色。

（94）紫色的石蕊试液遇酸：变成红色。

（95）红色的石蕊试液遇碱：变成蓝色。

（96）蓝色的石蕊试液遇碱：变成红色。

（97）无色酚酞试液遇碱：变成红色。

（98）甲基橙的 pH 变色范围：红（pH＜3.1）、橙（pH3.1～4.4）、黄（pH＞4.4）。

（99）石蕊的 pH 变色范围：红（pH＜5）、紫（pH5～8）、蓝（pH＞8）。

（100）酚酞的 pH 变色范围：无色（pH＜8）、浅红（pH8～10）、红（pH＞10）。

10. 化学有机实验中的注意事项

有机实验是中学化学教学的重要内容，对于有机实验的操作及复习必须注意以下内容。

（1）注意加热方式。有机实验往往需要加热，而不同的实验其加热方式可能不一样。

第一，酒精灯加热。酒精灯的火焰温度一般在 400～500℃，所以需要温度不太高的实验都可用酒精灯加热。常见的用酒精灯加热的有机实验是："乙烯的制取实验""乙酸乙酯的制取实验""石油的蒸馏实验"和"石蜡的催化裂化实验"。

第二，酒精喷灯加热。酒精喷灯的火焰温度比酒精灯的火焰温度要高得多，所以需要较高温度的有机实验可采用酒精喷灯加热。常见的用酒精喷灯加热的有机实验是"煤的干馏实验"。

第三，水浴加热。水浴加热的温度不超过100℃。常见的用水浴加热的有机实验有："银镜实验（包括醛类、糖类等的所有的银镜实验）""硝基苯的制取实验（水浴温度为60℃）""酚醛树脂的制取实验（沸水浴）""乙酸乙酯的水解实验（水浴温度为70～80℃）"和"糖类（包括二糖、淀粉和纤维素等）水解实验（热水浴）"。

第四，用温度计测温的有机实验有："硝基苯的制取实验""乙酸乙酯的制取实验"（以上两个实验中的温度计水银球都是插在反应液外的水浴液中，测定水浴的温度）"乙烯的制取实验"（温度计水银球插入反应液中，测定反应液的温度）和"石油的蒸馏实验"（温度计水银球应插在蒸馏瓶支管口处，测定馏出物的温度）。

（2）注意催化剂的使用。

第一，硫酸做催化剂的实验有："乙烯的制取实验""硝基苯的制取实验""乙酸乙酯的制取实验""纤维素硝酸酯的制取实验""糖类（包括二糖、淀粉和纤维素）水解实验"和"乙酸乙酯的水解实验"。其中，前四个实验的催化剂为浓硫酸，后两个实验的催化剂为稀硫酸，最后一个实验也可以用氢氧化钠溶液做催化剂。

第二，铁做催化剂的实验有：溴苯的制取实验（实际上起催化作用的是溴与铁反应后生成的溴化铁）。

第三，氧化铝做催化剂的实验有："石蜡的催化裂化实验"。

（3）注意反应物的量。有机实验要注意严格控制反应物的量及各反应物的比例，如"乙烯的制取实验"必须注意乙醇和浓硫酸的比例为1∶3，且需要的量不要太多，否则反应物升温太慢，副反应较多，从而影响了乙烯的产出率。

（4）注意冷却。有机实验中的反应物和产物多为挥发性的有害物质，所以必须注意对挥发出的反应物和产物进行冷却。

第一，需要冷水（用冷凝管盛装）冷却的实验："蒸馏水的制取实验"和"石油的蒸馏实验"。

第二，用空气冷却（用长玻璃管连接反应装置）的实验："硝基苯的制取实验""酚醛树脂的制取实验""乙酸乙酯的制取实验""石蜡的催化裂化实验"和"溴苯的制取实验"。

以上这些实验需要冷却的目的是减少反应物或生成物的挥发，既保证了实验的顺利进行，又减少了这些挥发物对人的危害和对环境的污染。

（5）注意除杂。有机物的实验往往副反应较多，导致产物中的杂质也多，为了保证产物的纯净，必须注意对产物进行净化除杂。如"乙烯的制取实验"中乙烯中常含有 CO_2

和 SO_2 等杂质气体，可将这种混合气体通入浓碱液中除去酸性气体；再如"溴苯的制取实验"和"硝基苯的制取实验"，产物溴苯和硝基苯中分别含有溴和 NO_2，因此，产物可用浓碱液洗涤。

（6）注意搅拌。注意不断搅拌也是有机实验的一个注意条件。如"浓硫酸使蔗糖脱水实验"（也称"黑面包"实验，目的是使浓硫酸与蔗糖迅速混合，在短时间内急剧反应，以便反应放出的气体和大量的热使蔗糖炭化生成的炭等固体物质快速膨胀），"乙烯的制取实验"中醇酸混合液的配制。

（7）注意使用沸石（防止暴沸）。需要使用沸石的有机实验为：实验室中制取乙烯的实验；石油的蒸馏实验。

（8）注意尾气的处理。有机实验中往往挥发或产生有害气体，因此必须对这种有害气体的尾气进行无害化处理。如甲烷、乙烯、乙炔的制取实验中可将可燃性的尾气燃烧掉。"溴苯的制取实验"和"硝基苯的制取实验"中可用冷却的方法将有害挥发物回流。

11. 化学实验操作中的相互关系

化学实验的操作，需要掌握以下关系。

（1）实验操作中先后关系。

第一，制备气体应先检查装置的气密性后加药品，加药品时应先放固体，后加液体。

第二，拆除装置时，先把导气管撤出液面，后熄灭火源。

第三，用 H_2、CO 等还原金属氧化物时应先通气后点燃酒精灯。停止实验时应先熄灯，后停止通气。

第四，点燃可燃性气体时，先验纯后点燃。

第五，去除杂质气体时，一般先去除有毒气体，后去除其他气体，最后去除水蒸气。

第六，给试管中的物质加热，应先给整个试管预热，后集中火力加热装有药品的部位。

第七，如果浓硫酸不慎沾在皮肤上，应先迅速用布或纸拭去，然后用大量水冲洗，最后涂上质量分数约为 3% 的小苏打溶液。

第八，配制银氨溶液时，应先取稀 $AgNO_3$ 溶液，然后慢慢滴加稀氨水至最初产生的沉淀刚好消失为止。

第九，制备 $Fe(OH)_3$ 胶体时，先将蒸馏水加热至沸，然后滴入饱和 $FeCl_3$ 溶液，继续加热至溶液显红褐色后即可。

第十，制备硅酸溶胶时，先注入 5 ~ 10mL 1mol/L 氯化氢溶液，后加 1mL 玻璃水，然后用力振荡。

第十一，制备溴苯时，应先加入苯，再加溴，最后加入少量催化剂铁屑（实际起催

化作用的是 $FeBr_3$）。

第十二，制备硝基苯时，先加入浓硝酸，再加浓硫酸，摇匀，冷却到 50 ~ 60℃，然后慢慢滴入 1mL 苯，最后放在 60℃的水浴中即可。

（2）实验操作中浓稀关系。

第一，制氢气时，用稀 HCl 或稀 H_2SO_4 与锌反应。

第二，制氯气时，用浓 HCl 和二氧化锰共热。

第三，制氯化氢气体时，用浓 H_2SO_4 与食盐共热。

第四，制二氧化碳气体时，用稀 HCl 与大理石反应。

第五，制硫化氢气体时，用稀 HCl 或稀 H_2SO_4 与硫化亚铁反应。

第六，制二氧化硫气体时，用浓 H_2SO_4 与亚硫酸钠反应。

第七，制二氧化氮气体时，用浓 HNO_3 与铜反应；而制一氧化氮时则用稀 HNO_3 与铜反应。

第八，制乙烯、硝基苯、苯磺酸，酯化反应、蔗糖脱水都要用浓 H_2SO_4；而酯的水解、糖类的水解则要用稀 H_2SO_4。

（3）实验操作中左右关系。

第一，使用托盘天平左盘放称量物，右盘放砝码，即左物右码；游码刻度从左到右，读数时读其左边刻度。

第二，调整天平时，左边轻时，平衡螺母向左旋；右边轻时，平衡螺母向右旋。

第三，制备气体时发生装置在左，收集装置在右，气体流动的方向从左到右。

第四，组装仪器时先低后高，从左到右将各部分联成一个整体，拆卸仪器时顺序则相反。

第五，中和滴定操作时，左手控制旋塞，右手摇动锥形瓶，即左塞右瓶。

第六，用移液管取液时，右手持移液管，左手拿洗耳球。

（4）实验操作中上下关系。

第一，玻璃仪器中的"零刻度"：滴定管在上方，量筒、烧杯、刻度试管等的起始刻度在下方，但并无零刻度。

第二，容量瓶、移液管等的刻度线在上方（只有 1 个刻度线）。

第三，冷凝管中，水流方向为下进上出。

第四，用排空气法收集气体时：若气体的式量大于 29，用向上排空气法收集；若气体的式量小于 29，则用向下排空气法收集。

第五，分液操作时，下层液体应打开旋塞从下边流出，上层液体应从分液漏斗的上面倒出。

第六，使用长颈漏斗时，漏斗的底部应插入液面以下，而使用分液漏斗不必插入液面以下。

第七，进行石油等物质的分馏时，温度计的水银球应在液面之上且位于支管口附近；而制乙烯等需要测量、控制反应物温度的实验时，温度计水银球应在液面之下。

（5）实验操作中大小关系。

第一，称量时，先估计称量物大概质量，加砝码的顺序是先大后小，再调游码。

第二，使用温度计、量筒、容量瓶、滴定管等，都要注意量程的大小。如制乙烯温度为170℃，就不能使用100℃的温度计；量取8.5mL液体时，就应该使用10mL量筒。

第三，干燥气体或除杂质气体时，气流的方向应大端进小端出，即大进小出。

第四，固体药品应保存在广口瓶中，而液体试剂则应该保存于细口瓶中。

第五，取用药品时，应严格按照实验说明的规定用量。如：未注明用量，应该取用最少量，即液体只取1～2mL，固体只需盖满试管底部；但除杂质时，所加试剂都应过量，因此，由此引入的新的杂质应设法除去。

（6）实验操作中长短关系。

第一，使用双导管洗气瓶洗气时，气体应从长导管进，短导管出，即长进短出；而使用双导管洗气瓶测量气体的体积时，则正好相反，为短进长出。

第二，使用带双导管的集气瓶并用排气法收集气体时（瓶口向上），若气体的式量大于29（如Cl_2），气体应从长导管进，将空气从短导管排出；若气体的式量小于29（如H_2），则气体应从短导管进，将空气从长导管排出。

（7）实验操作中快慢关系。

第一，实验室制氯气时，加热时宜慢不宜快，温度宜低不宜高。

第二，实验室制乙烯时，加热使液体温度迅速升高到170℃，宜快不宜慢，否则易产生乙醚等副产物。

第三，实验室制乙炔时，轻轻旋开分液漏斗的旋塞，使水缓慢滴下，宜慢不宜快。

第四，中和滴定接近终点时，滴加液体宜慢不宜快。

（8）实验操作中多少关系。

第一，在工业生产中往往采用增大浓度的方法，使成本较高的原料得到充分利用。即容易得到的或成本较低的反应物多，而成本较高的原料则相对较少。如在硫酸的工业制法中常用过量的空气（多）使二氧化硫（少）充分氧化，增大二氧化硫的转化率。

第二，实验室制乙烯时，浓硫酸的量多，乙醇的量少，二者的体积比为3∶1。

第三，实验室配制王水时，浓盐酸量多，浓硝酸量少，二者的体积比为 3:1。

（9）实验操作中内外关系。

第一，用酒精灯加热时，要用外焰不用内焰。

第二，测定硝酸钾的溶解度时，温度计要插在试管内；制备硝基苯时，温度计要放在试管外的水浴中。

（10）实验操作中直接与间接关系。

第一，坩埚、蒸发皿、试管、硬质玻璃管、燃烧匙可直接加热，而烧杯、烧瓶、锥形瓶则需垫上石棉网间接加热。

第二，一般加热实验用酒精灯，而苯的硝化、银镜反应、酚醛树脂的制取、酯的水解、纤维素的水解等则需水浴间接加热。

第二节 高中化学实验教学设计与模式分析

一、高中化学实验教学设计

（一）高中化学实验教学设计的内容选择

1. 内容选择的依据

（1）选择具有明确探究性学习目标的实验内容。先要分析某一实验内容在课程中的地位、作用及其对学生发展的价值，若实验内容单纯是为了获得简单的知识结论，或者形成基本技能，就没有必要让学生进行实验方案设计训练。

（2）选择与学生已有的知识经验相联系并符合学生认知发展水平的实验内容。学生已有的知识经验不仅决定了哪些内容可以进行实验方案设计教学，还决定了进行实验设计教学的复杂性和难度。学生进行实验设计所需能力应该在学生的最近发展区，学生对已有的知识经验、各种技能进行提取和综合，可以进行探究性学习并能够获得一定的结论。学生对于过于简单的问题没有设计的兴趣，而太难的问题，既耗时又容易使学生在设计过程中产生过多的疑惑和困难，挫伤学生的积极性。

（3）选择与学生的生活实际和社会实际密切联系的实验内容。化学实验应联系学生的生活实际和社会实际。这可以提高学生的探究兴趣，使学生感到化学就在自己的身边，身边无处不化学；也可以使学生在学习和理解化学知识的基础上，能够清楚所学的知识能用于做的内容和怎么做，同时对化学的本质和价值，有一个正确的认识。同时注重实验的趣味性，将"趣味实验"设计系列化。

（4）选择具有可操作性的实验内容。可操作性是指学生对某一实验所做的方案设计不需要太复杂的条件，能保证学生在实验室中完成。实验内容应安全可靠，体现绿色化学思想，重视实验的清洁化，学生经过一定的努力能得到一定的收获。

2.内容选择的策略

以高一化学实验为例，具体做法是根据学生实际水平和认知规律，充分挖掘教材中科学探究的内涵，把某些验证式实验变为探索性实验，增加一些趣味性实验和与社会有密切联系的应用性实验，做好实验方案的设计及选择，进行实验教学。

（1）实验的难度、数量及用品。从学生的实际看，高一学生在初中已经学习了一年的化学，学生对实验很感兴趣。教科书中针对不同的内容，安排了较多切实可行的实验。考虑到高一学生的化学知识水平，对实验内容和操作的难度进行适当的调整，选择内容基础、操作简便的实验，作为实验方案设计教学的内容。适当增加实验的数量，尽可能为学生提供进行化学实验的机会，提高学生的动手能力。对于实验用品，教师应指导学生利用生活中的常见用品和废弃物制成简易的实验仪器，或替代实验用的化学药品，这样既有助于解决实验仪器、药品的短缺问题，又可以培养学生的实践能力以及节约和环保意识。

（2）演示实验和学生实验。学生的实验设计能力最终体现在动手能力上。对于演示实验和学生实验可以做如下处理。

第一，对于学生能完成的实验，应在教师的指导下，尽可能采用学生亲自体验的实验教学形式。尤其是实验方案设计教学，更应该充分创造条件保证学生亲自动手体会创造的艰辛和成功的喜悦。如在课堂教学中引导学生对演示实验进行分析评价，改进或设计新的装置，而在学生分组实验中，对应相同内容的实验，尽可能按学生设计的方案指导完成。

第二，教师的演示实验有其特有的教育教学功能。对一些经典的实验，如胶体的电泳实验等，只有教师的演示，才能体现其特有的示范、指导、精致、纠错、强化等功能。还有一些实验，如氢气和氯气的爆鸣实验，在学生操作不熟练时比较危险，氯气性质实验若进行大量的学生实验会污染空气，可以引导学生在理论上进行优化设计，实验操作仍应演示完成。

（3）实验的趣味性。化学实验作为增强学生学习化学兴趣的一种手段是其他学科无法比拟的。如果中学化学实验的学术味过浓，过分强调规范的操作，会造成学生对实验及化学学科失去兴趣，实验就难以发挥激励作用。

（4）实验的生活化。化学是一门应用性和实践性很强的科学，它与实际的联系非常密切。在中学阶段，学生学习的知识与社会接触的机会有限，通过实验了解化学在实际生活中的作用是一条很好的途径。

（5）实验的绿色化。20世纪90年代，"绿色化学"这一概念提出后，在化学界，人们也在提倡实验的绿色化和清洁化。在实验的设计上，应注意尽量体现绿色化学的思路，如 Cl_2、SO_2 等有毒气体的性质实验，应引导学生在实验的安全性、无污染等方面进行创新设计。

（二）高中化学实验教学设计的具体策略

化学实验设计是化学实验的最高层次，它要求学生在实验前根据一定的实验目的和要求，综合、灵活地运用有关的化学知识和技能，对实验中的各个环节进行科学、合理、周密、巧妙甚至是创造性地规划。化学实验设计体现了学生综合运用化学知识和技能解决实际问题的能力。为此，教师在化学实验教学中，要尽可能多地为学生创造进行化学实验设计的机会，使学生在化学实验设计的过程中，体会实验设计的重要性，认识实验设计应遵循的基本原则，初步掌握化学实验设计的基本方法。

1. 培养学生实验设计的能力

教师要培养学生的实验设计能力，应根据化学实验教学内容的特点、学生知识与技能的基础和能力发展水平，有目的、分阶段地制订化学实验设计能力的发展计划。

（1）第一阶段：理论准备。平时的课堂教学中，尤其涉及实验时，都可以和学生一起分析如何来设计实验，在练习和考试中，将历届高考以及参考资料中的优秀实验题改造成实验设计问题，以锻炼学生思维的严密性、细致性、全面性。另外，还可开设实验专题讲座、实验活动课，以不断提高学生的理论水平。

（2）第二阶段：反复实践。学生的实验设计能力需要多次的锻炼，教师要善于利用教材，将演示实验、学生实验转化为实验设计问题，或从实验习题中挖掘实验设计素材。这种策略难度不太大，可以在训练初期帮助学生学习实验设计的步骤、操作，形成基本的设计思想和方法，效果很好。很多演示实验、学生实验都可以让学生自己参与设计、操作、观察并分析实验结果、小结等；要鼓励学生对同一个实验具有自己独特、新颖的构思和想法，具有自己设计上的独创性；鼓励学生注意实验操作技巧的学习和实验步骤合理巧妙地设置、编排；引导学生进行实验观察，并提出一些富有启发性的实验问题，启发和组织对关键问题的探讨，从中培养学生的逻辑思维能力和实事求是的科学态度。

（3）第三阶段：总结提高。定期总结阶段性成果，已形成的良好习惯要求继续坚持，普遍出现的问题要求尽快解决。实施前期的格式要求要严格把关，不合格的必须重新设计。接下来在实验中要抓成功率，不行的现场解决。中期在思维上逐渐提高要求，由会设计到设计好。后期对突出的同学加以特别辅导，组队参加各种竞赛，起到示范作用。

2. 加强学生基本素质的调练

实验设计能力是建立在很多基本素质上的一种综合能力，这些基本素质包括：化学思维、实验意识、操作意识、安全意识、环保意识、动手能力等。在平时的教学中就要注意加强这些方面的培养，在课堂提问、演示实验、讨论、练习中对学生的思维方式、语言的严密性、科学性要常抓不懈。例如，化学实验设计的内容与格式，应从高一开始就训练学生规范的书写。按照教学习惯，一个比较完整的实验方案设计，应包括实验目的、实验原理、实验装置、实验仪器和药品、实验过程及结论分析。实验过程通常包括实验内容与步骤、预观察到的现象及结论，定量实验还包含数据记录及处理、误差分析。

3. 突出实验教学设计的思路

无论哪种类型的化学实验设计，其实质都是根据实验题目所提出的问题，运用已具备的化学知识或实验技能，有时甚至是根据实验题目所给的信息或提示，构思出解决问题的方案。不同类型的实验方案的设计，能使学生综合运用所学的知识，积极主动地思考化学实验的实施过程。从设计实验的学习中深化和发展知识，对学生进行理性思维方法的训练，这也是提高学生分析问题、解决问题能力的有效方法和途径。

4. 发展控制实验条件的能力

所有的实验，都是在条件控制下进行的。探寻、控制实验的最佳条件，是化学实验成败的关键。这不对学生的学习，而且对教师的实验研究乃至化学学科的发展，都具有十分重要的意义。因此，要想有效地开展实验设计教学活动，就必须培养学生控制实验条件的意识，发展控制实验条件的能力。

（1）通过具体的教学示例，使学生体会控制实验条件的重要性。从某种意义上而言，化学科学发展的历史，就是化学家通过控制实验条件，探究化学物质及其变化的规律，获得化学科学发现的历史。因此，教师在化学实验教学中应注意通过具体的教学示例，使学生体会控制实验条件对化学科学研究的重要性，认识到控制实验条件是化学实验的灵魂。教学示例的获得，既可以由教师提供，也可以组织学生以小组的形式，通过杂志、书籍或互联网来获得；教学示例的选择，要尽量涉及正反两个方面的案例；教学示例的使用，要尽可能调动学生的积极性，使学生通过讨论、交流等自主性学习活动，来分析哪些实验条件影响实验结果，是如何影响的，科学家是如何对这些实验条件进行控制的，使学生在具体的讨论、交流活动中体会控制实验条件的重要性，逐渐形成控制实验条件的意识。

（2）通过具体的实验探究活动，使学生亲身经历控制实验条件的过程。学习和运用实验条件的控制方法，应紧密结合具体的化学实验教学内容来进行。学生只有亲身经历了控制实验条件的过程，才能培养控制实验条件的意识，增强控制实验条件的能力。

5. 提高实验设计评价的能力

一个化学实验设计方案的优劣，其评价标准主要体现在以下四个方面。

（1）科学合理。科学合理就是指实验原理、实验操作程序、操作方法等必须与化学理论知识和化学实验方法论一致。

（2）设计简捷。设计简捷就是要尽可能采用简单的仪器或实验装置，用较少的实验步骤和试剂，在较短的时间内完成实验，即充分体现实验设计的简约性原则。

（3）安全可行。安全是指实验设计要尽量避免使用有毒药品和具有一定危险性的操作。如果必须使用，应在设计方案中详细说明注意事项及可能发生的事故的处理方法等。实验方案的可行性是指设计化学实验时所运用的实验原理在实施时必须切实可行，而且所选用的化学药品、仪器、设备、实验方法等在中学的实验室条件下能够满足。

（4）效果明显。效果明显就是按照实验设计进行操作，产生的现象生动直观，易于观察、记录。例如，要显示钠与水反应后溶液具有碱性，可以有很多方法，但选用石蕊试剂作指示剂就没有选用酚酞作指示剂效果明显，比较而言，应尽量选用后者。

总而言之，在进行实验方案设计的教学时，必须引导学生从以上四个方面优化实验方案，使学生的设计能力得到加强和深化。

6. 鼓励交流谈论设计的方案

中学化学实验方案通常通过小组讨论的形式来制订，离不开教师的指导。因此，教师在化学实验教学中，要鼓励学生积极参与化学实验方案的设计活动，大胆地提出自己的设想，并主动与同学、老师进行讨论和交流。在讨论和交流的过程中，教师要鼓励学生运用多种证据对自己的实验方案进行论证，引导学生倾听别人的设计方案和别人对自己的实验方案的评价意见，通过反思和自评，发现自己与他人的长处以及存在的问题，提出进一步完善和改进的具体建议。

二、高中化学实验教学模式

"实验教学是高中化学教学的重要手段，而传统实验教学过于重视实验分析的结果，往往忽略了实验过程及学生核心素养的培养，教师除了要在实验指导中强化学生的知识技能，还要着重提升学生的创新创造能力，选择重要案例渗透核心素养，促进学生全面发展"[①]。从某种意义上来讲，化学实验教学具有一定的优势，教师带领学生观察实验现象，围绕实验原理展开探究，从宏观辨识和微观探析的角度深层次地探究实验，可以培养学生的逻辑思维和关键能力。同时，注重实验过程设计，对应学科核心素养模块，让学生在实验过程中完成知识推理、模型认知等内容，培养学生科学严谨的学习态度，使学生形成良好的知识素养。高中化学实验教学模式的实施过程中需要注意以下几项内容：

（一）结合学科主题，更新化学实验教学理念

高中化学教育以立德树人为根本任务，强调知识技能提升与核心素养培养是不可分割的整体，这也就要求授课教师在设计化学实验活动主题和内容时，应明确实验教学目标，正确区分证据推理和模型认知、科学态度与社会责任等核心素养，结合化学知识模块与核心素养的对应关系设计实验活动，保证实验教学设计的针对性和有效性。目前，高中

① 吴宗方. 探究学科核心素养背景下的高中化学实验教学模式 [J]. 科普童话·新课堂（中），2022（2）：18-19.

化学实验活动多是围绕书本知识内容展开的，以验证理论知识、突出核心知识为主要目的，能够促使学生深度学习化学知识，教师应结合现代化教育发展趋势，根据新课标要求，以先进的理念为指导，在尊重和认可学生的主体地位的基础上，鼓励学生自主探索和剖析有关知识，发现化学这门学科知识学习的窍门，提升学生的学习主动性。而不同学生的能力水平有所差别，教师要考虑到学生的差异性，不能采用传统的教学模式，要与时俱进，及时更新教学理念，坚持因材施教的原则，有目的、有意识地为学生创设相应的实验探究情境，给学生带来丰富的学习体验。

例如，在开展"氧化还原反应"教学时，教师不能按照惯有思维进行实验教学，要改变以"教"为主、"学"被动的教学模式，通过展示碳还原氧化铜的实验过程，引导学生观察分析，得出"氧化反应与还原反应同时发生的现象即称为氧化还原反应"的理论结果。同时，教师可以合理编排实验教学流程，指导学生结合所学知识及生活现象，进一步解释化学知识，并在化学实验观看和操作后验证实验，使学生摸索出化学学习的基本规律。

（二）巧用化学史料，充盈化学实验教学内容

高中化学实验包含的知识点及理论概念较多，以实验展示的形式，可以让学生对原本不感兴趣的化学知识概念产生探知兴趣，帮助学生理解不同化学反应的本质内涵。新课改要求下，在高中化学实验教学中，教师更应注重对学生核心素养的培养，可以通过化学史料，向学生渗透创新思想和探究精神，发展学生的关键能力。

例如，在开展"一定物质的量浓度溶液的配制"实验活动时，事先为学生准备好蒸馏水、氯化钠溶液、称量纸、玻璃杯、胶头滴管、托盘天平等实验用品，指导学生计算所需溶质的量，使用托盘天平和量筒移取固体或者液体，将溶解或稀释后的溶液用玻璃棒引流，再振荡摇匀，观察实验操作后溶液。学生在动手操作化学实验过程中，会遇到各种各样的问题，教师可以引用知名化学家的事迹鼓励学生克服困难，走出学习困境，同时也能帮助拓宽学生的知识层面，开阔学生的眼见和知识视野，提升化学实验教学的丰富性。

（三）围绕核心知识，创设化学实验教学情境

学生在有趣的教学情境中，更容易理解化学概念，并且能够快速掌握化学实验操作及学习重难点。因此，教师在设计及开展化学实验教学中，也要以"趣"为出发点，带领学生结合书本知识设计一些新颖有趣的小实验，构建一个良好的学习环境，充分调动学生的视觉、触觉等多种感官，增强学生的认知体验。与此同时，教师也可以创设生活化情境，将高中化学理论知识及实验内容与现实生活结合起来，合理开发和利用身边的教学资源，消除学生对化学实验的陌生感，也能引导学生以科学的眼光观察生活，从生活中获取知识。

例如，在开展"铁及其化合物的性质"实验活动时，教师可以指导学生联想生活中

常见的铁金属材料和铁的化合物，尝试分析铁及其化学物反应现象和性质，让学生带着问题走近实验。教师可以使用试管、胶头滴管、硫酸铜溶液、氯化铁稀溶液、氯化亚铁溶液等实验器材和实验试剂，将 2 毫升硫酸铜溶液加入试管中，并把铁丝放入溶液中，静待观察置于溶液中的铁丝发生的变化。学生通过实验能够发现铁丝表面生出红色固体，足以证明在这一过程中，铁单质和硫酸铜发生了氧化还原反应，可以更好地理解和记忆化学方程式。

（四）通过问题链条，设计化学实验探究活动

在化学实验教学中，教师要注重实验过程指导，带领学生走进化学实验，体验实验的乐趣，将化学知识内化于心。与此同时，教师也不能忽视实验问题的合理化设计，按照从易到难的规律，在不同阶段设置对应问题，构建一个问题链条，扩展实验操作体系，让学生找出化学知识各模块之间的关联，启发学生的探究性思维，也强化学生对化学概念的理解。除此之外，教师可以组织小组合作，打破常规性实验流程，创设更加开放的化学实验环境，以分组合作学习的形式，让学生对比实验，进一步探究实验问题，发散化学思维，培养学生的创新意识和合作精神。

例如，在开展"碱金属化学性质的比较"实验探究活动中，教师应通过实验带领学生探究碱金属的化学性质，准备好实验器材，取适量的钠、钾同时放在石棉网上灼烧，组织学生观察两种物质与水产生的反应，并提出"从实验中可以看到钾和钠哪种物质更容易燃烧？与水反应中，哪种物质反应更剧烈？"的问题，引导学生分析推断出化学理论。在此基础上，教师可以提出深层次的问题，如"如何解释钾比钠性质活泼呢"，启发学生深入探究，用化学知识解释这一问题，强化学生的逻辑分析能力。

（五）借助信息技术，增强化学实验教学趣味

高中化学实验具有较强的趣味性，学生通过实验观察和动手操作，更容易理解化学基础知识和理论概念，但由于化学实验展示会占用一部分课堂教学时间，为了不影响教学进度，又能增强学生的实验体验，教师可以运用多媒体技术，事先整合实验教学资源，将实验操作过程录制成视频，并在课堂上播放，使学生直观地看到化学反应，提高课堂教学的效率。尤其对于一些有风险性的化学实验，用课件演示的形式播放实验，同样可以激发学生的学习兴趣。

例如，在开展"钠与水的反应"教学时，教师可以用多媒体播放钠的切割实验，包括钠从煤油中取出及切割钠粒等内容，再组织学生观看"钠与水"反应实验活动，引导学生观察钠粒在酚酞溶液中的反应现象，深入探讨溶液变红的原因，加深学生的知识印象。

（六）优化评价体系，凸显化学实验教学成果

在高中化学实验教学中建立完善的教学评价体系，不仅可以实现对学生的综合化考

查，还能引导学生重新审视自我，增强学生的自信心。但以往教学评价过程多是侧重于对学生成绩的评价，以试卷分数来衡量学生阶段性学习成果，缺少对学生核心素养和综合能力的评价，势必会使学生的核心素养发展受到限制。教育新形势下，这种教学评价模式更无法适应素质教育改革发展及育人需要，教师应结合学生的个性特点，在评价中加入一些新元素，除了关注学生的化学成绩外，也要从学生参与实验积极性、创造性等多方面进行综合评估。同时也要改进原有以教师评价为主的方式，让学生进行自我评价或者采取学生之间互评的方式，使学生准确地定位自己，及时纠正学习问题，促进学生化学素养得以提升。

例如，在开展"同周期、同主族元素性质的递变"实验活动时，为使学生通过实验熟悉同周期、同主族元素性质递变规律，掌握证据推理方法，提升模型认识水平，教师可以在基础知识讲解后，组织学生动手操作实验过程，记录学生在实验中的表现，根据学生的实验反馈结果进行客观评价，以激励的方式，增强学生的学习体验感，培养学生高效学习的科学精神，也为接下来的知识学习奠定坚实的基础。

学好高中化学知识，可以使学生学会透过事物的表象看本质，培养学生的思维意识，在核心素养的背景下，要想提高化学教学的有效性，教师更要掌握好教学方法，尤其在开展实验教学过程中，要将实验教学内容与核心素养联系起来，对应着化学学科核心素养进行培育，积极更新实验教学理念，运用化学史料充实实验教学内容，可以采用情境创设、问题引导、课件展示等方式，增强实验教学的趣味性，促进学生全面发展。

第三节　高中化学实验教学策略的创新应用

一、高中化学实验教学中的微项目学习策略

项目式学习是一种以学习者为中心的学习模式，其特点是在真实情景下以小组为单位，最终完成某件作品的学习方式。微项目学习是将项目式学习微型化，打破传统教学的教学模式，在保证学习效率的前提下将微项目学习作为突破口，使师生理解并掌握知识内容及能力。"微项目学习是一种新型学习模式，相对于项目式学习而言，微项目学习占用的课时时间少，可在较短的时间内快速引发学生的学习兴趣。在微项目学习的进行过程中，学生通过分组合作，可以有效地培养他们的协作能力与沟通能力。微项目学习是一项以学习者为中心的学习模式，学生通过自主学习达到多方面的发展，将知识内化于心，实现在心中形成属于自己的知识体系。"①

---

① 郝春华. 基于微项目学习的高中化学实验教学设计研究 [D]. 海口：海南师范大学, 2019.

（一）实验教学中微项目学习策略的步骤

实验教学中微项目学习的实施准备步骤包括以下内容。

1. 确立微项目阶段

确立微项目要基于课程标准、教学内容和学生经验。微项目可以是社会性议题，也可以是学生身边需要解决的问题，还可以是当前的热点问题和工业生产问题。在确立微项目时，要多维度系统考虑该项目是否涵盖核心知识，是否承载学科思想方法和学生发展核心素养，是否贴近社会和生活，是否真实且有意义，学生是否感兴趣，是否具有可操作性。

2. 规划微项目阶段

在确定微项目主题后，教师要结合实际，从项目整体进行规划。须考虑学生能力水平、学生认知水平、问题的实际解决过程和实验操作等。项目规划一般分为以下阶段。

（1）将微项目进行拆分，确定微项目的基本问题。利用基本问题的设计可以构成微项目的完整框架，基本问题要有意义有价值，普遍适用于学习者，答案往往不是固定的，具有开放性，可以激发学生积极思考，引起学生的好奇心理，吸引学生不断去探究问题。

（2）由于课时限制，教师需要精心规划课时，以确保微项目学习的效率和实验的完整性。先规划每个基本问题所需的时间，将学生必须掌握的知识与基本问题相比较，尽量使学生在完成微项目学习后能够掌握所有必须掌握的内容。在有的知识点不能包含于微项目学习的情况下，需要在项目结尾时补充该知识点。基于基本问题确定每课时需完成的基本任务，然后根据任务活动收集所需素材。由于课时有限，教师需要安排好课上学习任务与课下学习任务。学生可以自主完成的任务可以放到课下进行，以确保微项目学习的效率。最后，教师需要确定评价工具与评价方式。微项目学习的评价方式的特点是形成性评价与终结性评价相结合、定性评价与定量评价相结合。所以，教师需要考虑微项目学习各个阶段的评价工具，如自我评价表、小组互评表、活动过程观察表等。

3. 优化微项目阶段

实验教学中微项目学习的准备过程中，还需要再次检查并确认：微项目学习的基本问题是否能够构成完成框架；解决基本问题的过程是否符合学生的思考方式，是否具有逻辑性；核心知识点是否涵盖其中；核心活动时间是否充分；是否给了学生充足的自主学习的时间与空间；任务有没有操作性；细节知识如何进行补充；在此之前审视过程中，找出教学设计的不足并进行改进。

（二）实验教学中微项目学习策略的实施

1. 学生亲历设计实验的过程

在传统的教学过程中，教师习惯于将现成实验思路直接讲授给学生，学生习惯于被动接受，并没有亲自经历问题解决过程，使实验教学效果不佳。在微项目学习中，由于部分教师已习惯之前的教学方式，很容易使得化学实验过程打着微项目学习的形式，内里还是以传统学习方式为主。因此，在教学过程中，教师要尽可能多地留给学生充足思考的时间，可以慢慢引导学生，要让学生亲历解决问题及设计实验过程。由于基本问题一般具有开放性，学生的思路不可能都跟着教师走，教师不能急于否定，尽量让学生多发表自己的想法。

2.进行过程技能培训与指导

在微项目式学习中，学生具有很多自主学习的时间和空间，在这一过程中，学生可使用多种学习工具，如计算机、摄影机，亲自动手进行实验操作。微项目学习是一种基于小组合作的学习。所以，为了确保有效性和学习效率，教师须提前为学生做好技能上的培训，如小组分工、计算机的使用。在学生开始进入小组合作学习时，由于不适应或者是性格内向等，同学之间会出现沟通不到位或分配任务不合理等问题，使微项目学习的效果大打折扣。同时，在微项目实施的过程中，教师须仔细观察学生使用各种技能时暴露出的问题，以便在下次微项目学习开始前，为学生提前做好技能的培训。

3.课上课下任务的统筹安排

由于微项目学习留给学生很多自主学习的时间和空间，可能导致留给核心活动的时间并不多，很多时间都浪费在价值功能不大的问题上，所以教学时间非常紧张。因此，教师在课前一定要安排好课上任务和课下任务，学生可以自主完成的任务尽量留到课下去做，如查阅资料、分工合作等。另外，在微项目实施过程中，教师要加强管理，保证学生对于微项目学习的效率及有效性。

4.突发事件的应对及其处理

微项目式学习是以学生为主的学习方式，采用小组合作的方法，因此开放性很大。在微项目实施的过程中，往往会有很多突发情况产生，这对教师的知识储备情况及反应能力的要求比较高。因此，教师在前期准备时要精心准备知识内容，在平时也不能松懈对知识的延伸。在课堂上，教师要时刻观察学生的学习情况，由于自主性较大，学生很容易把注意力放到意义不大的问题上去，此时教师要让学生的学习活动始终围绕核心目标走，才能使基于微项目式学习的实验教学的效果更好。

二、高中化学创新性实验教学策略及其应用

创新性实验教学一直是高中化学组研究的重点，同时也是实现高效高中化学课堂教学的必经途径。创新是时代进步的核心，是社会发展的动力，同时更是提高高中化学教学质量的关键所在。所以，在高中化学课堂导入创新理念，让创新成为化学教学的催化剂，便具备了一定的意义。实验是化学教学的重要环节，也是提高化学教学质量的重要途径，没有实验的化学教学是不完整的。科学合理的课堂实验可以将抽象性、概念性、严谨性的

化学知识清晰地呈现在学生的面前，并让他们感受到知识的生成过程，以此激发他们的探索热情。将高中化学实验教学进行创新，可以让化学实验更加符合新课程、新课标的要求，并紧随时代的步伐，整体提高高中化学教学质量，让课堂教学更具实效性。

（一）化学实验器材创新，唤醒学生创新意识

1.鼓励学生创造简单的化学实验器材

化学课堂教学要鼓励高中生尝试自行创造简单的实验器材，变废为宝，可以唤醒他们的创新意识。生活中有很多的垃圾废物，但是有些垃圾是可回收再利用的，并且具有很好的开发价值。假如，可以鼓励学生将这些垃圾废物制作成简单的化学实验器材，那么不仅可以激发高中生的创造能力，同时还能增强他们的探究兴趣，并达到环保的效果。以胶体电泳实验为例，该项试验的器材可能会出现：对电压需求过高、操作不灵便、浪费时间多等问题。所以，教师可以鼓励学生借助生活中的垃圾材料对其进行整改，从而取得良好的效果，具体改良思想可以包括：①选取色差明显的氢氧化铁胶体；②氯化钾溶液比其他电解质溶液更具有效果；③电压高，时间短；④电泳装置主要为 H 型管。

2.积极引导学生寻找化学器材替代品

在高中化学实验课堂中经常会出现这样的问题：实验器材数量不够，难以落实全面性操作实验；化学实验器材出现故障，无法及时开展实验教学。而寻找器材的替代品，不仅可以节约大量的教育开支，同时还能在上述问题发生的时候及时给予解决。如在原电池和电解实验中，将石墨电极换掉，换成锌锰电池的碳棒，或者利用小塑料盒代替 U 型管，或者是选用生活中的玻璃器皿、烧杯当作电解槽，那么反而会得到更好的效果。这样，不仅就地取材方便，还能实现全员操作实验。

整体而言，实验器材是决定化学实验效果优良与否的关键所在，它的价值和重要性与实验方案相比较有过之而无不及。所以，纵然拟订一份完善的科学实验方案，倘若缺乏合理的器材，那么实验依然是一纸空文。因此，要鼓励学生开发自己的大脑，调动自己的智慧，从而在变废为宝的过程中创造出更多的简单器材，让化学实验得以顺利开展下去。而且，还能培养高中生的实践操作能力与创造能力，意义不言而喻。

（二）化学实验方法创新，培养学生操作技能

实验方法是以化学实验为目标，通过利用各项仪器设备，从而展现化学知识的过程。在不同的条件下，如果对实验方法中的某些内容进行改良，那么将会起到意想不到的效果。所以，致力于对试验方法的创新，便成为高中化学教师所要探究的重点。

1.鼓励学生自行设计化学的探究性实验方案

在以往的高中化学课堂探究实验中，学生都是按照教材中提示的步骤进行实验。从整体来看，这种做法不仅机械性、局限性强，而且还难以培养高中生的创新能力。以二氧

化硫的化学性质探究实验为例，在利用二氧化硫和氢氧化钠溶液进行实验时，观察到实验不存在明显反应。教师可以鼓励学生调整实验方案，可改良的方法包括：①通过加入指示剂的方法进行验证。将二氧化硫注入滴有酚酞的氢氧化钠中，如果红色褪去，那么则说明实验发生反应，改进方案是正确的。②加入溶液的颜色褪去，那么有可能是二氧化硫的漂白性发生了作用，致使酚酞从红色变为无色。基于以上方法，教师可以指导学生作出测验：将适量的氢氧化钠滴入刚刚褪色的溶液中，这时假如有红色生成，那么则说明第一种改良方案是正确的。如果相反，那么则说明第二种改良方法是正确的。当学生操作完改良后的探究性实验后，及时引导他们对实验结果进行反思，挖掘其中的不足之处，并记录在案，以便定期翻阅，及时完善自身。整体来看，这种创新方法不仅具有很广的延伸性和随意性，并且还能激发高中生的探究热情与参与积极性，从而让高中化学实验课堂变得精彩纷呈，灵活性十足。

2. 正确引导学生成为化学演示实验操作主体

就演示实验来讲，在以往的高中化学课堂演示实验中，都是由教师操作，由学生观看，从而达到教学目标。整体来看，这种教学手法不但局限性强，而且难以获得学生的共鸣，无法增强他们的代入感。因为在整个教学过程中，学生只能充当看客，在视觉上对实验有所感受，远不如亲自动手来的实际。因此，若可以扭转操作主体，改演示为操作，让学生亲身感受演示实验的生成过程，那么自然会起到意想不到的效果。

以"探究物质性质的方法和程序"的教学为例，在开展演示实验"硫酸铜溶液和金属钠的反应"时，教师可以让学生结合教材进行自主实验，从而增强他们对实验过程的代入感与印象。具体操作包括：选取烧杯，用小刀切下一小块金属钠，用滤纸将其表面上的煤油吸干，再用镊子将金属钠放置到烧杯中，然后观察其现象。当观察一段时间后，学生会发现硫酸铜溶液中出现了气泡，并且出现了少量黑色固体及蓝色沉淀。透过这一实验，引导学生将对应的公式记录在记录本中。当一切工序完成后，留给学生充足的时间进行思考，反思实验的过程，以便寻出自己的不足和失误的地方。在此基础上，教师还可以适当地为学生提出一些问题，如"将金属钠放入氯化钠溶液，或者是氯化铁溶液中会发生哪些变化？会有哪些反应呢？"这时，带着对先前演示实验的印象，学生便可以立即投入实践，继而让知识在课堂中彻底升华。创新演示实验理念，转变演示实验主体，让学生替代教师的位置，由教师进行辅助，这样不仅可以增强学生的实践操作技能，同时还可以提高他们对知识的掌握能力。

总而言之，实验教学是高中化学课堂不可或缺的项目，是提高高中化学课堂教学质量的必经途径。通过化学实验，相关知识点可以更加具体、真实地呈现在学生的面前，让他们更好地把握知识。而在此基础上对化学实验进行创新，不仅符合我国新课程标准的需求，同时还能间接培养高中生的实践操作技能。所以，致力于对高中化学实验的创新研究，便成为当前我国高中化学教师所要面临的一项重点课题。

第六章　高中化学多元化教学方法与实践探究

第一节　基于深度学习的高中化学教学及其方法

一、基于深度学习的高中化学教学目标

（一）循序培养高阶思维

深度学习最直接的表现是学生对教材知识的深入思考。因此，深度学习的本质是培养学生的高阶思维。以"促进身心健康"知识内容为例，此内容介绍了饮食选择和药物使用，内容与学生的生活密切相关。大部分学生通过学习能够获得健康饮食和科学用药的知识，高阶思维会朝着两个方向发展：一是跨学科思考。将该章节的内容与营养学、生物学、医学相结合，从不同角度思考健康饮食和科学用药的方法，从更高层面来总结知识，得出规律。二是杂糅性思考。生活中有"药膳"这一说法，即将药物的功效与食材的价值相结合，从日常饮食入手，对身体进行调理。"药膳"的根本立足点是发挥药的功效，再以食材的味道制作成食物，然后加以推广。

（二）自我构建知识体系

学生用高阶思维来学习化学知识时，会涉猎很多方面，能够吸纳和融合不同领域、不同维度的知识，经过整合、重组后，再重构知识体系，这是深度教学的另一个目标。同样以"促进身心健康"为例，学生运用高阶思维将该章内容与营养学、生物学、医学等知识相结合，可以获得更多的知识，对知识的理解也会更加深刻。在这种情况下，如果学生基于教材知识来整理，就会有所局限，此时，学生可以尝试自我突破，以新的原则、新的立足点来重新整理知识，这就需要学生具备高阶思维能力。比如：有的学生从功效性角度来思考，知识体系就会围绕"功效最大化"来构建；有的学生从平衡角度来思考，知识体系就会围绕"以身心健康为根本目标的饮食和药物搭配"来构建。每一个学生所构建的知识体系是不一样的，这就是深度学习的成果。

（三）迁移应用生活实际

学以致用是学习的目的之一，高中化学深度教学目标还包括对知识的迁移应用。深

度学习不能局限在教材上，不能局限在一章一节里，而要涵盖更大的范围，更广的领域。因此，在迁移应用知识时，教师可以启发学生关注以下三个方面：①迁移时的创新性。例如，将教材知识的 60% 进行迁移，而 40% 则由学生进行创新与尝试。②迁移时的可对比性。例如，教材至少讲了两种基于同一个目标的对比方法，是对生产生活中不同方法的比较。③迁移时的可拓展性。例如，在迁移教材知识后，再拓展知识，以提升个人能力。基于深度学习的迁移应用就是学生内化知识后作出的判断与选择。

二、基于深度学习的高中化学教学方法

（一）理论式文献阅读教学法

理论式文献阅读教学法指的是学生可以"站在巨人的肩膀"上思考问题，"通过阅读化学行业资深专家、学者的文献来实现深度学习"[①]。以高中化学"走近化学工业"为例，化学工业与学生生活的关联度较低，并且专业性较强，无论是项目式小组研究法，还是实验式比较研究法，都不太适合（学生既难以收集到准确的、充足的数据，又难以自己开展实验）。在这种情况下，文献阅读法就是一个很好的选择。学生通过阅读有关专家、学者（企业家）的研究资料，可以了解化学工业的研究方向、研究内容、应用领域、面临问题、发展趋势、创新技术等，这些文献具有非常强的参考性，学生可以在阅读时获得思维上的启发与知识上的拓展，既强化了应用领域的认知，又丰富了理论层次的思维。实际上，文献阅读法也是化学学科中非常常见的深度学习方法。

（二）进阶扩散式问题教学法

进阶扩散式问题教学法指的是教师可以以问题作为学生深度学习的载体，启发学生思考。深度学习作为常规问题教学法的"升级版"，教师在设计问题时可以围绕核心知识，多维度地设计问题。以高中化学"从实验学化学"为例，教师在设计问题时，可以考虑两个方面：一是实验资源损耗的角度，如实验材料的损耗、实验器材的损耗等；二是实验废弃物的污染，如实验时产生的废料等。虽然这两个角度在教材中没有被提及，但是在实验过程中我们会遇到这些问题（教材受限于篇幅无法全面覆盖）。在实验过程中，教师应引导学生考虑这两种情况，培养学生的判断能力、分析能力和选择能力。教师在运用进阶扩散式问题教学法展开教学时，可以利用思维导图来辅助学生记忆，以发散式问题引导学生思考。

（三）项目式小组研究教学法

项目式小组研究教学法指的是教师将学生分为若干个小组，让小组学生围绕某一个项目进行研究性学习。以高中化学选修一"关注营养平衡"为例，这个章节内容与学生生

---

① 张霞.基于深度学习的高中化学教学目标与方法 [J].中学课程资源，2022，18（5）：37—38+46.

活密切相关，教师可以以具体的生活场景作为研究主题，让学生用经济学中的市场调研法来展开学习。按照"问题提出—数据收集—数据统计—问题得出—问题分析—情况探讨—建议提出—问题总结"这个过程来开展深度学习。项目式小组研究教学法是深度学习教学法中理论结合实际的最佳方法，不仅可以让学生在实践中深化理论知识，还可以培养学生学化学、用化学的良好习惯，更好地实现学以致用、学有所用。

（四）实验式比较研究教学法

实验式比较研究教学法指的是教师指导学生采用实验的方式进行深度学习。实验可以分为两种：一种是实操性实验。这类实验，学生能够亲手操作，其安全性高，风险系数低，实验成功概率大，教师可以在可控范围内，让学生自己进行实验。在深度学习中，学生在操作这类实验的过程中能够融入自己的想法，教师要在保证实验安全的前提下，给学生提供"试错"的机会。另一种是理论推演性实验。对于不适合学生亲自动手操作以及学校无法提供安全实验环境和合格实验资源的实验，教师可以指导学生用理论推演方式来进行假设与模拟。这种实验可以"第三方实验旁观"作为教学补充（可观看实验视频）。学生现阶段所提出的实验创新，大部分都借鉴了其他人的操作实验。教师可以将相关实验视频、实验报告、实验数据等作为理论推演的补充内容，以帮助学生取得更好的学习效果。

第二节　学科核心素养下的高中化学教学方法探究

一、以化学的核心素养为主旨

在高中化学教学中，教师要将教学目标设为化学核心素养五个组成要素的下位目标。在高中化学教学中，教学目标不仅是教学的起点，同时也是教学的终点，能够支配调控整节化学课堂。教师在讲解化学知识的过程中，学生的核心素养也在得到不断发展与完善，教师要注意到这一点，从每个学段、每个教学模块、每个教学专题中寻找与化学核心素养存在直接联系的教学内容，并合理规划课堂教学方案。学科核心素养下的教学设计前期准备工作一般包括以下方面：①对学科内容有一个明确的认识；②了解相关学习领域的研究现状和发展趋势；③确定教学内容及重难点；④建立完善的知识结构体系。在此过程中，教师要厘清脉络，帮助学生明晰思路，梳理知识点，掌握知识规律。

二、知识问题化与问题情境化

在高中化学教学中，师生互动环节通常是基于问题解决过程进行的，教师要善于将抽象的教学内容生动形象具体地呈现给学生，教师可以在课堂中创设指定情境，这种方式能有效激发学生的学习兴趣，提升课堂效率。学生在真实的情境中，能够对自己接触到的新知识进行内化，形成完整的知识结构，同时这种教学设计能够有效调动学生的认知需求，激发学生的内在学习动机，使学生实现化学知识在实际生活中的迁移。

例如，在乙酸的醋化反应教学中，教师可以将糖醋鱼作为案例，让学生思考糖醋鱼特殊香味产生的原因，让学生尝试总结其中涉及的化学原理。通过问题导入，教师带领学生从原子转移的微观角度认识醋化反应，同时教师也可以利用多媒体教学设备为学生播放同位素原子示踪实验的视频，为学生整理醋化反应的实质。当学生理解酯化原理后，教师可以带领学生模仿工业生产设计乙酸乙酯的生产方式，将所学知识应用在实际问题的解决中，这种教学方式有着环环相扣的特征，学生在循序渐进的学习过程中，能够有效解决学习目标中的各项任务，掌握相关知识，高效地完成教学活动。

三、基于"活动元"的学习任务

基于学科核心素养教学，教师可以为学生设计教学任务，加强学生对课堂核心知识的掌握与理解，这对知识结构化具有重要意义。高中化学课程标准提出，通过设计有意义的、富有挑战性的、综合性强的任务来促进高中生主动建构知识体系，提升科学实践能力和创新精神。通常而言，一个课时中可以包含多个学习任务，每一个学习任务具有不同的综合素养导向功能，学习任务式的教学方式，能够有效培养学生的化学观念与化学思维，对学生核心素养形成有着积极作用。

教师在学习任务中可以布置 1～3 个学习活动，结合本节课的教学目标，通过学习活动帮助学生掌握知识，学生在实践探究的过程中，思维能力、创造能力与实践能力都将得到一定的提升。例如，在"硫及其化合物"这一课时的学习中，围绕酸雨展开课堂研究，验证二氧化硫的性质，从元素、原子等角度辨识物质的认知模型，提升学生物质探究的能力。对于探究物质性质的教学内容，教师可以在学习任务中设置三个学习活动：一是让学生在课前收集相关资料，自行预测物质的性质并设计实验方案，通过这种活动，有助于教师评估学生的探究水平；二是以小组的形式进行解释说明，教师对小组提出的观点进行适当的补充，在知识经验与实践经验的基础上，过渡到元素化合价与物质分类方面的知识，引导学生认识物质的性质，并以此为基础设计实验方案；三是带领学生分析教材中验证二氧化硫具有漂白性的实验，在此基础上进行适当改进，将学生的实验方案设计能力从单一提升至系统水平。之后根据实验现象总结实验结论，锻炼学生的实验推理能力与表达能力。

第三节　基于探究能力的高中化学教学方法优化策略

一、基于探究能力高中化学教学的重要意义

随着新课改的不断发展以及人们对高中化学教学重视度的持续提升，对高中化学教师提出的要求也在日益提高，在实际教学中不但要高度重视书本理论知识的教学，同时还要重视培养和发展学生探究能力，以此推动学生能自主地开展化学知识的分析和探究，进而加深对所学知识的理解和记忆。在高中化学教学过程中培养学生探究能力的意义主要有以下几个方面。

（一）提升学生学习质量

在高中化学教学中培养学生探究能力，有助于提高高中生的学习效率以及质量。良好的自主探究能力可以帮助学生主动发现问题、分析问题以及解决问题，能够在整个学习过程中加强对所学知识的了解以及认识。除此之外，结合化学学科的特点来看，如果教师只是单纯地将书本内容向学生进行讲述，很难提起学生的学习兴趣，并且会导致学生对知识的理解和认识仅仅停留在表层。通过培养学生自主探究能力，教师能够引导学生主动地对所学知识进行深入研究和分析，同时学生能够结合自身所需积极寻求一些求证知识的方法和途径，有助于从被动学习转变成主动学习，如此不但可以发挥学生主观能动性，激发学习兴趣，同时还可以帮助学生更为深入的理解所学知识，从而提高学习效率和质量。

（二）促进教学改革的发展

新课改不但重视教师教学过程中对知识的有效讲解，同时也对培养学生探究能力给予了高度重视，以期借助培养和发展学生探究能力，间接地发展学生的整体素质和能力，这对于学生今后学习和成长都有着重要意义。所以，教师在实际教学当中应当切实贯彻教学改革的相关要求，努力落实探究能力培养工作，探索出更多培养探究能力的途径以及方法，从而有利于教学改革的进一步发展和推进。

（三）符合社会进步的需求

在高中化学教学过程中培养学生的探究能力也是为了适应社会发展的需求，近年来，我国经济社会发展速度相对较快，这使社会各界对人才的需求也呈现出了一些新的特征，要求人才具备较强的综合素质与能力。通过在化学教学中培养学生的探究能力，可以增强学生合作意识，提高协作能力、自主创新能力、自主学习能力和实践操作能力等，这

些素质和能力的发展符合社会发展需求，有助于学生为将来步入社会打下良好基础。

二、基于探究能力高中化学教学的方法优化

（一）网络教学培养学生探究能力

为提高学生探究能力的培养成效，教师可以积极运用网络教学。化学教学中有很多知识点需要开展实验操作，但由于器材以及场地等方面的限制，一些化学实验无法在教学过程中真实开展，这容易导致学生难以准确理解和掌握所学内容，也不利于培养学生探究能力。而通过对网络教学的合理运用则能够有效解决这一问题，并且可以进一步提高学生学习效率以及学习质量。网络教学手段能够将较为抽象的化学知识内容转变成生动、形象以及直观的具体内容，利于学生更好地了解相关知识，同时还可以增强学生的学习兴趣，而良好的学习兴趣可以促使学生产生较强的探索欲，从而有助于对学生探究能力进行培养。因此教师需要加强改进教学方法，对网络教学手段加以合理利用，从而提高自身培养学生探究能力的水平。

（二）小组合作培养学生探究能力

高中化学教学中，教师还可以利用小组合作学习的教学方式，根据学生的特点将其分成不同的学习小组，通过学生相互之间的分享、讨论及交流不断地推动其探究能力快速提升。此外，借助对小组合作学习方式的合理利用，既可增强师生互动，还可以增强生生互动，这种方式比较符合新课标强调的互动性教学要求，比较容易构建一个民主的学习环境，从而增加学生对问题探究的兴趣。

（三）参与研究过程培养学生探究能力

在传统的化学课上，教师机械地说明化学概念、化学方程式、化学性质，学生通过机械地听老师讲解知识，被动地记忆，难以培养学生独特的学习个性。因此，在课堂上，教师必须让学生理解研究过程，提高学生的研究意识。通过在课堂上提问，采用开拓性、探索性的教育手法，使学生受到启发，自主学习，增强学生的自我认同感。

第四节　基于智慧课堂教学方法的高中化学核心素养培养

"智慧课堂是指利用智能教学系统来开展教学，能够有效实现个性化教学，通过人机共育来提升教学效果的一种教学模式"①。智慧课堂具有虚拟化、体验式、数据化等特征。其中，虚拟化是指给学生打造虚拟现实的场景来为学生提供更加逼真的情境，利用虚

① 王荣.基于智慧课堂教学方法的高中化学核心素养培养 [J].科学咨询（教育科研），2022（9）：176—178.

拟仿真技术等来突破人机之间单纯的信息交互方式，给学生提供超乎现实的场景，让学生能够开展沉浸式和情景式的学习。体验式是指将化学学习和学生的现实生活联系在一起，通过人机共育的方式来增强学生的体验感和现实感，学生通过体验、尝试来学习新的知识，强化教学效果，在体验中发展学生的核心素养。数据化强调对学生在学习过程中的行为数据进行跟踪分析，通过数据的采集和分析来精准把握学生现有的水平和能力，在后续的教学中就可以结合学生的核心素养发展状况来开展针对性指导，让核心素养的培养效果得到强化。

基于智慧课堂教学方法的高中化学核心素养培养，需要从以下方面着手：

一、夯实学生基础知识

智慧是一种能力，一种建立在基础知识上的能力。因此，在高中化学智慧课堂的构建过程中，利用先进的教学技术和手段，将抽象的化学知识转化为学生生活中常见的具体现象。核心素养建立的基础就是学生对化学核心知识的深度把握，教师要发挥出智慧课堂的优势来打造高效课堂，带领学生深度把握化学的核心知识点，达到"知其所以然"的效果。借助先进的技术手段可以让化学知识更加具象、生动，一些微观层面的知识也可以利用先进的技术呈现出来，帮助学生夯实基础知识，为学生的素养发展奠定基础。

例如，在"物质的分类"一课的教学中，教师可以联系之前已经学过的"化学物质分为金属物质和非金属物质"，利用信息技术引出各种各样的物质，激活学生的深厚经验和背景知识，从而引出本节课的知识点，在信息技术呈现各种物质的帮助下，进一步加深学生对化学物质分类知识点的理解与把握，并在归纳化学物质分类的过程中，加深学生对常见化学物质的了解与认知。如此一来，学生就可以做到"温故而知新"，在调动学生学习兴趣和积极性的同时，还可以帮助学生完善自身的化学知识体系，进一步推动学生化学核心素养的发展。

二、创新课堂教学方法

高中化学教师想要通过构建智慧课堂来培养学生的核心素养，就可以从创新教学方法的角度出发，结合学生的实际学习情况和发展需求，促进先进信息技术和化学课堂的有效融合，实现教与学的巧妙结合，让学生在活跃的课堂教学氛围中，提高自身参与化学教学活动的积极性和主动性，在此基础上推动自身化学核心素养的培养，并真正意义上实现化学智慧课堂的构建。

例如，在"氧化还原反应"教学中，教师可以将氧化还原反应中离子的运动方向制作成简短的动画，让学生可以更加直观、更加清晰地了解氧化还原反应的化合价变化，对氧化还原反应进行个性化解读。整个课堂因此"活"了起来，能够活跃课堂的教学氛围。

此外，教师可以引入微课教学模式，将微课和导学案教学有效结合，在先进信息技术的支撑下实现学生的自主探索。微课短小精悍、重点突出，导学案强调学生的自主学习和探索，将两者结合在一起可以让学生在导学案的导向下通过观看微课来自主学习和探索，彻底将以往灌输为主的教学转化为学生自主探究，教师的角色也从课堂的"主演"变成了"导演"。

三、丰富课堂教学资源

在基于智慧课堂教学方法下开展的高中化学教学中，有一个很大的优势就是可以借助现代化的网络技术和平台，利用大数据中的资源对课本内容进行合理的延伸与拓展，丰富学生化学知识储备的同时，也为学生化学核心素养的培养与提升提供新的契机。教师可以在备课时从互联网上收集优质的课件作参考，也可以通过互联网获取相关的资源整合到课件中，让课堂教学的内容更加丰富，同时体现出教学内容的前沿性、前瞻性，将一些最新的研究成果融合到课堂上，开阔学生的视野。

智慧课堂的优势还在于可以在课堂上直接联网，对于学生猝不及防提出的一些问题，教师可以现场搜索相关资料，开展探索活动，实现对资源的利用，更加快速和高效地处理课堂上的突发问题。例如，在教学"金属与非金属的反应"的相关内容时，由于该部分内容涉及的化学反应非常多，如有的金属会氧化生锈，有的金属却不会，有的金属与酸或水会发生反应，而有的则不会。基于此，教师可以借助网络平台，为学生收集更多教材上没有的资源，在拓展学生化学知识视野的同时，进一步完善学生的化学知识结构，使其更加完整化、系统化，为学生化学核心素养的提升奠定坚实的基础。

四、联系学生实际生活

鉴于化学学科与实际生活之间的密切联系，在新课改的教学标准中，对化学核心素养的培养做出明确的解释，人们也逐渐开始认识到了培养学生化学核心素养的重要性。为此，在智慧课堂教学模式下，教师可以采取生活化的教学手段，引导学生通过探索生活中常见的化学现象，来强化自身的科学探究与创新意识，以及证据推理与模型认知素养等，全面推动学生化学素养的培养与提升。

例如，在教学"碘"这知识点的时候，教师可以联系实际生活为学生设置教学问题，例如，"食用盐中含不含碘？"鼓励学生自行设计相关的化学实验对自己的推论进行验证，并在实验操作的过程中，深度思考"碘"在食用盐中的作用、如何对食用盐进行改进等问题，强化自身的科学探究与创新意识。同时，让学生通过观察实验现象、总结化学规律，推理"碘"的化学性质，并结合教材上的内容，正确判断自己的推理过程及结果，培养学生的证据推理与模型认知等素养。

五、加强化学实验教学

化学知识的实践性特点突出了实验在化学教学中的重要性，没有经过实践验证的化学教学，学生是很难对抽象化学知识形成深刻理解与认知的。教师可以从化学实验的角度出发，组织学生开展自主学习、合作探究、交流探讨等教学环节。例如，在"金属的化学性质"教学中，教师可以设计一个"铁生锈"的小实验，让学生观察铁在真空环境、在水中以及在潮湿的空气中发生的一系列反应与变化，通过对实验现象的观察和总结，可以进一步加深学生对铁的氧化反应规律的掌握，明白铁在同时接触水和空气这两种物质的时候，最容易出现氧化反应，进而生成铁锈，并由此来引出金属制品保存方法的教学。

六、注重学生创新思维

在人才培养过程中，创新思维是学生必备的关键能力和素养，同时也是促进学生综合发展的重要内容，应该引起教师与学生的高度重视。智慧课堂注重学生智慧发展，从学生的思维层面开展学习，教师可以借助各种拓展资源和智慧活动来促进学生创新思维的发展。教师可以引发一些研究实例来辅助教学，引发学生的思考和探索，将化学学习和科学实践结合在一起。教师可以在智慧课堂系统下设计一些开放性的探索活动，给学生提供虚拟真实的操作平台，在实践中促进学生的智慧发展和思维能力发展。

例如，在"化学反应与能量"教学中，教师可以清华学生自主研制太阳能跑车的事件为切入点，将教学内容与现下社会中人们比较关注的新能源问题结合到一起，既能够点燃学生的学习热情，又能让学生通过挖掘新能源汽车的动力原理，来更好地掌握太阳能、光能等新型能量的产生与应用，并且进一步加深学生对化学能、热能与电能之间的转化关系，强化学生的创新意识与平衡思想，以及学生的科学态度与社会责任，让学生能够成长为符合新时代发展需求的创新型人才。

核心素养要求学生充分认识到化学在社会发展中做出的重大贡献，以及保护环境和资源的重要性，进而形成可持续的、绿色的化学观念，以及参与化学相关的社会决策，对化学在社会热点问题中的价值做出正确的判断，智慧课堂能够更好地实现这一目标。

第五节 基于现代教育技术的高中化学教学方法与实践探究

"信息技术是推动教育改革的重要工具，在教学中被越来越广泛地应用，信息化教学具有操作简单、教学内容广泛、教学效果突出、教学手段多样化等特点"[①]。因此，现代教育技术与传统高中化学教学方法相结合，取长补短，具有四个方面的优势：①多媒体教学可以使化学抽象概念形象化，微观现象具体化；②教学软件连用制作课件及授课，可以形象直观地反映化学分子结构与性质、性质与反应机理之间的关系，激发学生学习的兴趣；③发挥智慧课堂优势，调动学生自主性，培养其创新意识，使被动学习变为主动探索；④促进信息化资源利用，最大限度地拓宽学生知识面，巩固知识体系，提高学生素养。

因此，将现代教育技术与课堂教学有效结合，对于推动当前初高中化学教育方法改革具有重要意义。下面就基于现代教育技术的高中化学教学方法与实践进行分析。

一、多媒体辅助教学法及其实践

多媒体技术是当前课堂教学中使用最广泛的信息技术，通过图片、视频、音频等方式进行教学，具有直观、生动、丰富、信息容量大等特点。根据教学目标和高中学生的特点，合理设计教学情境，采用多媒体辅助教学，可以达到最优化教学效果。对一些化学史、绿色化学、人物事迹、环境保护、食品安全等内容的讲授，通过创设情境与生活实例相结合，可有效激发学生学习兴趣。

例如，在"蒸馏提纯"的教学设计中，可以通过中国酒文化的传承和发展，展示苏轼所撰《物类相感志》中"酒中火焰以青布拂之，自灭"的话，询问学生"为何酒中会有火焰""此现象说明了什么"，以此引发学生思考并得出结论：因为此酒应是蒸馏酒，其中乙醇的浓度达到可燃程度，表明古人当时已经掌握蒸馏提纯的方法。从而引出蒸馏提纯的原理，这样既激发了学生的求知欲，同时使学生体会到我国传统文化源远流长，培养学生文化自信和爱国主义情怀。

又如，在化学前沿教学中，以"纳米材料"为例，教师通过"纳米材料抓犯人"事

---

① 黄甜甜，曾巧，凡素华，等．基于现代教育技术构建高中化学多元化教学方法与实践 [J]．中国教育技术装备，2021（15）：3-6+9.

例，讲述一种荧光纳米纤维化纤维素/碳点纸可以提高检测过程中的对比度、灵敏度和准确度，保留指纹图案的细节，实现粗糙表面的指纹快速可视化，使学生认识化学知识是促进现代科技进步和发展的重要桥梁，学好化学可以造福人类，建立坚定的学习信念。

同时，多媒体辅助教学有利于与生活、食品安全、环境污染、社会热点等相关知识点的拓展，结合生活实例，让学生了解化学的用途，激发学习兴趣。教师可以通过多媒体向学生展示新冠病毒的结构、致病机理、防范措施，新冠疫苗的开发，口罩材质构成及其为何能有效降低病毒传播风险等，引发学生思考，引导学生建立科学的世界观，传播正能量。因此，通过制作精美课件，利用多媒体结合传统课堂教学，信息量大，教学情境生动，能最大限度地增强教学效果，培养学生综合素质。

二、翻转课堂教学模式及其实践

翻转课堂，又称颠倒课堂，指重新规划课堂内外时间，将学习的决定权从教师转移给学生。在这种教学模式下，学生课前学习教师发布的教学视频和学习任务，课上师生互动交流，采用讲授法和协作法满足学生的需要和促进个性化学习，然后学生之间讨论，完成课堂作业，课后巩固复习，达成知识内化。总而言之，想要使学生既掌握知识，又学会自主学习，培养学生创造性思维，在实际教学中采用传统教学和翻转课堂结合的方式进行教学效果更佳。

如图6-1所示，以"铁的重要化合物"为例，将翻转课堂与传统教学紧密结合，按"自主学习—课堂互动—课后巩固"的教学环节进行。课前以教师为引导，学生自学为主；课堂以"学生为中心"，实现"生生互动、师生互动"的教学活动，并结合传统教学的系统讲授和总结；课后采用练习和测试巩固，实现教师评价与学生总结的内化过程。

通过翻转课堂与传统教学相结合的模式，不但实现学生自主学习及综合能力的提升，而且系统完成知识的学习，并能深层次地巩固所学知识，达到化学课程核心素养的培养目标。

三、微视频教学模式及其实践

化学是一门以实验为基础的自然学科。在高中化学教学中，涉及大量的实验。传统实验教学的安排和设计以教师演示实验为主，教师演示实验要求教师有较高的操作技能，保证实验的成功率和良好的实验现象。对于有些实验现象，如产生声音、烟、运动、热、光等，如果教室环境不理想，后排的学生不易观察到这些实验现象，造成学生的注意力无法集中，对演示实验没有探究欲望。微视频是指个人通过手机、摄像机等设备拍摄出的视频片段。视频的长短不定，一般不超过10分钟；视频内容广泛，形态多样，具有短、快、精的特点，并且可以随时播放、暂停和重放。

翻转课堂结合传统教学设计，通常包括以下方面：

第一，注重自主学习。自主学习的核心包括观看在线教学视频（可由教师提前制作或从网络获取）、完成目标任务和自主设计学习计划。具体而言，学生需要进行以下主要内容的学习：①观看在线教学视频，这可以是教师事先录制的视频或者在线共享的资源；②了解铁的重要化合物的化学性质；③小组内设计实验方案；④设计 $Fe(OH)_3$ 和 $Fe(OH)_2$ 的制备方案，同时观察溶液颜色，并设计 Fe^{2+} 和 Fe^{3+} 的相互转化方案。

第二，强调课堂互动。课堂互动包括分组讨论、教师引导、讲授以及巩固学习成果。具体而言，课堂互动的主要环节包括：①进行翻转分组汇报，内容涉及化合物的性质、$Fe(OH)_3$ 和 $Fe(OH)_2$ 的制备，以及检验 Fe^{3+}、Fe^{2+} 及其相互转化方案；②由教师提出问题引导学生思考；③学生进行分组讨论，教师评价并补充；④播放实验微视频，让学生观察并总结实验现象；⑤小组得出结论；⑥师生互动交流，教师采用传统教学法进行系统讲解；⑦学生完成课堂测试；⑧师生共同解决问题，并进行课堂总结。

第三，注重课后巩固。课后巩固包括自主练习、作业反馈和知识总结提升。学生需要进行以下内容的巩固学习：①根据课前和课中学习内容，完成线上作业；②教师批改作业，并提供反馈；③学生根据老师的评价，回顾总结所学知识，以实现知识的内化

在高中化学实验教学过程中，教师可以采用微视频进行实验前注意事项、实验现象、实验结果讨论等的讲解。例如，在金属钠分别与乙醇和水反应的对照实验中，教师可以在课前录制对照实验的操作及现象，经过适当剪辑，形成一段精美小视频。在授课中，教师借助多媒体播放实验视频，可通过暂停和重放功能，启发学生观察实验的反应快慢、金属钠的状态、滴有酚酞溶液的颜色的变化等现象，讨论实验原因，总结乙醇分别和水与钠反应的结论。

运用微视频和传统教学结合进行授课有诸多的优点，主要包括：①有利于开展"以教师为引导、学生为主体"的教学，激发学生学习积极性和主动性；②有利于多次多班使用，为教师备课节省时间，更好地进行课程资源建设；③有利于全体学生观察实验操作和现象，讨论总结知识点；④可播放、暂停、重放，有利于实验现象的重点讲解，提高教学效率。

参考文献

[1] 曾兵芳，赵艳琴.高中化学教学情境现状的调查与分析[J].教学与管理，2014（36）：38–40.

[2] 戴文清.高中化学课堂教学多元化评价的目的与方法[J].教学与管理，2021（1）：72–75.

[3] 韩梅，刘玲.高中化学教学中 STSE 情境教学的问题表征与优化策略[J].教学与管理，2022（10）：61–64.

[4] 郝春华.基于微项目学习的高中化学实验教学设计研究[D].海口：海南师范大学，2019.

[5] 黄甜甜，曾巧，凡素华，等.基于现代教育技术构建高中化学多元化教学方法与实践[J].中国教育技术装备，2021（15）：3–6+9.

[6] 经志俊，徐光静.基于素养导向的高中化学教学主张[J].化学教学，2021（9）：35–40.

[7] 李付涛.谈论高中化学有效教学方法的应用[J].高考，2020（15）：46.

[8] 李丽云.高中化学构建智能化课堂的有效教学方法[J].高考，2020（24）：39.

[9] 李鹏鸽，赵河林.高中化学教学中合作学习的有效性研究[J].化学教育，2011，32（5）：23–25.

[10] 李秀芝.学科核心素养视角下的高中化学教学方法探究[J].高考，2022（25）：58–61.

[11] 陆军.高中学生化学学科能力的要素及培养策略[J].教学与管理，2014（28）：51–53.

[12] 沈强.试谈初高中化学教学的衔接[J].中学化学教学参考，2011（8）：41–42.

[13] 宋倩雯.高中化学演示实验教学现状调查与优化策略研究[D].武汉：华中师范大学，2016.

[14] 苏建立. 高中化学教学需要系统思维 [J]. 教学与管理，2014（21）：145-147.

[15] 王成秩，胡志刚. 初高中化学实验教学有效衔接的思考——以"研究物质的实验方法"教学为例 [J]. 化学教育，2016，37（3）：18-20.

[16] 王荣. 基于智慧课堂教学方法的高中化学核心素养培养 [J]. 科学咨询（教育科研），2022（9）：176-178.

[17] 王伟. 基于学科理解的高中化学教师"原电池"教学表现研究 [J]. 化学教学，2021（6）：10-15.

[18] 吴玲. 浅析高中化学有效教学方法 [J]. 数理化解题研究，2020（6）：89-90.

[19] 吴宗方. 探究学科核心素养背景下的高中化学实验教学模式 [J]. 科普童话·新课堂（中），2022（2）：18-19.

[20] 薛桂凤，黄学朋. 高中化学实验指导与拓展探究 [M]. 石家庄：河北人民出版社，2013.

[21] 杨东移，沈理明，王苏丽. 高中化学教学中运用学习环的研究 [J]. 化学教育，2012，33（5）：31-33+40.

[22] 杨连花. 项目式教学下的高中化学课程改革路径分析 [J]. 中学课程辅导（教学研究），2021（20）：45.

[23] 杨士强. 高中化学教学过程中培养学生化学思想的探讨 [J]. 科普童话，2023（16）：64-66.

[24] 杨艳娟，沈理明，王婷，等. 高中生化学学习中努力管理策略运用现状的调查分析 [J]. 化学教育，2014，35（19）：50-55.

[25] 叶鹏. 化学学科核心素养下高中生实验创新能力的培养策略 [J]. 中学化学教学参考，2018（7）：40-42.

[26] 张丹，刘旭虹，杜芳，等. 基于创造性思维培养的高中化学实验教学创新审思与实践 [J]. 中小学教师培训，2020（10）：55-59.

[27] 张霞. 基于深度学习的高中化学教学目标与方法 [J]. 中学课程资源，2022，18（5）：37-38+46.

[28] 赵华. 高中化学实验教学的问题与对策 [J]. 化学教育，2013，34（9）：53-56，63.

[29] 赵宗芳. 高中化学教学中学生思维能力的培养 [J]. 化学教学，2021（7）：23-26，37-38+46.

[30] 郑光黔 . 高中化学教学方法与实践 [M]. 长春：吉林人民出版社，2020.

[31] 孔令鹏 . 高中化学新课程理念与教学实践 [M]. 北京：商务印书馆，2005.

[32] 杜贞忠 . 高中化学高效课堂教学模式研究 [M]. 哈尔滨：哈尔滨地图出版社，2018.